為什麼吃蛋糕、看電影、去了健身房，都還是好不起來

ケーキ食べてジム行って映画観れば元気になれるって思ってた

精神科醫師Sidow 著
朱韋芸 譯

高寶書版集團

前言

當壓力積累時，你會做些什麼呢？

動動身體、吃甜食、什麼都不想去睡覺……等等，每個人各有不同應對壓力的方法。但你曾有過即便採取了這些方法，卻還是難以打起精神、甚至更疲倦的經驗嗎？

過去的我也會為了排解壓力而去喝酒，雖然喝了很多酒以後可以暫時忘掉討厭的事，但最終隔天會因為宿醉而感到後悔，或是因為喝醉後的行為而陷入自我厭惡。

許多方法看似能排解壓力，實際上卻沒什麼顯著效果，反而可能會帶來負面影響。

在現代，只要在 Google 搜尋「排解壓力」，就會跳出各式各樣的方法，其中有些當然是有效的，但也有很多方法的資料來源有誤、或是不夠具體。

因此，我強烈覺得，必須要整理出應對壓力的正確方法，所以寫了這本書。

事實上，我也是在成為精神科醫師並學習壓力相關的知識，變得能妥善應對壓力後，才感覺能夠活得很輕鬆。

這個效果不只影響了精神層面，也擴及到生理層面。回家後變得比較不會累到什麼事都做不了，甚至別人會說我的膚況變佳、看起來變年輕，也變活潑了。

你是否正在以「排解壓力」的名目亂買東西或是暴飲暴食呢？

是不是蛋糕愛吃多少就吃多少、漫無目的地看電影呢？你有沒有想過，也許這種習慣反而會造成壓力增加，產生惡性循環。

即便是一般的壓力排解方法，也常會發生不適用在某人身上的情況，或是如果不多加留意、專心執行，就不會產生效果。

從我這個精神科醫師的角度看來，我認為在現代社會中不可能將壓力降到零，因此，**紓壓重點不是要將壓力降為零，而是要盡快排解壓力，甚至讓壓力站在我們這一邊**。

然而，如果只是單純學習排解壓力的方法是沒有效果的。重點是，要如何將這些方法吸收成自己的。我會透過這本書傳遞正確的排解壓力方法，但是否付諸實行則取決於你了。

不必實行所有方法，請你從有興趣的項目或是看起來比較容易著手的方法開始嘗試看看。請試著實踐看看，如果這個方法適合自己的話就繼續做下去吧。開始行動以後學到的內容會內化生根，讓你變得平時就能自然而然地做到。

不只是行動，思考方式也是一樣的，只要從平常開始留意，就能改變對事物的看法，也會變得不容易感覺到壓力，或是能抑制壓力帶來的傷害。

只要變成壓力不易累積、容易排解的體質，人生絕對會比現在過得更快樂又健康。

如果這本書多少能讓大家的生活變得更愉快又豐富，那就太令人高興了。

目錄

第3章 正確的消除壓力方法：思考篇

第4章 正確的消除壓力方法：行動篇

第 1 章

壓力究竟是什麼？

不為人知的壓力的真面目

最近每天都能聽到「壓力」這個詞。

因為工作而感到疲倦、人際關係不順利、討厭的事莫名接踵而來的時候……

每天光是活著，人人都會在某個瞬間感受到壓力。

雖然對我們來說壓力是如此切身的存在，但大家知道壓力究竟是什麼嗎？

「那個人和我的想法不合，光是和他對話就覺得有壓力。」

「總覺得身體狀況很差，大概是壓力造成的吧？」

「只要房間亂七八糟，就會感受到壓力。」

就像這樣，也許很多人會將對人際關係的不滿、身體不適的原因和對事物的不快感稱為「壓力」。

但我想應該沒什麼人知道「壓力」實際的意思、發生原因和積累的機制為何，因此，在此基礎上，實行正確的壓力排解方法的人一定也就更少了。

「知己知彼，百戰百勝。」這句話是孫子說的，用在消除壓力的方法也完全是同樣的道理。

換句話說，只要理解壓力為何，以及自身具備什麼樣的性情，就能獲得不輸給壓力的心智。

使用從別人口中聽來、書上或網路上找到的壓力排解方法，卻感覺不到效果，這也許是因為對壓力有所誤解，或是那個方法不適合自己的性情。

我們首先要知道壓力是什麼，再來找尋適合自己且正確的壓力排解方法吧！

壓力不等於令人討厭的事

「壓力」在《廣辭苑》中的定義是「因著各種外部刺激所造成的負擔，讓身心靈產生機能變化」。

這裡希望大家注意的是，**壓力本來指的是「機能變化」，而不是工作或人際關係等等會引起壓力的「外部刺激」**。例如，「那個人和我的想法不合，光是和他對話就覺得有壓力。」實際是因為和那個人說話，導致自己至今平穩的心情產生了變化，而不是「和那個人對話本身就等於壓力」。

引起壓力的原因被稱為「壓力因素」或「應激源」，也就是說，請大家要先理解，我們日常使用的「壓力」和這個詞本來的意思有點不同。

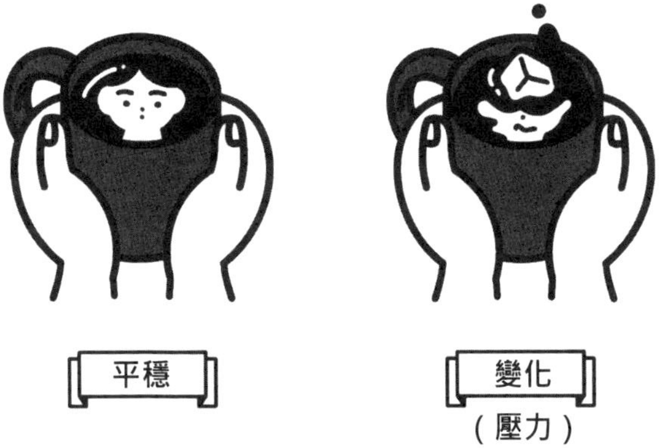

如果將「和那個人對話」本身想成是壓力，那心情只會變得不愉快，但若將這件事當作是引起壓力的「原因」，那就只要了解如何應對它就好，心情也會稍微變得愉快。

此外，我想很多人會將壓力的原因想像成心理因素，但壓力原因本來就有廣泛的意涵，其中也包括物理因素。

物理因素具體包括冷熱、噪音、飢餓或感染等等，當然也包含心理因素。如果這兩種因素持續，造成身心靈無法保持正常的狀態，便是所謂的壓力。

更進一步說，人體內具備「體內平衡」

（homeostatic）的功能。體內平衡指的是「不論處於何種環境下，都能使身體保持在一定程度的平衡狀態」，當平衡被擾亂時，就會產生壓力。

例如，多虧了體內平衡，平時人的體溫、脈搏和血壓才能維持在一定的狀態。然而，如果長時間待在炎熱或寒冷的地方，或是罹患傳染病，則體溫或脈搏可能會偏離正常範圍。

再回到前述，**如果將壓力視為因受到某種刺激、導致身心功能偏離健康範圍的狀態，這樣會比較容易理解**。

再者，我們容易聯想到的心理因素壓力，指的也是如果身心的正常狀態受到干擾，則毫無疑問地可稱之為壓力。

只不過對每個人來說心理因素的差異很大，特定的事情是否會成為壓力因人而異。例如，有人會因爲在職場中被上司責罵而感到十分痛苦，也會有人不怎麼在意、心情不會受到影響。

此外，世上人們覺得高興的事，對某人來說卻可能會讓他感到壓力。例如，雖然在公司獲得晉升，但是因為責任變重了，反而備感壓力的情況；雖然結婚了，但是因為對新生活感到不安，導致心情低落，也就是所謂的婚前憂鬱。

每個人對待心理因素壓力的方式都不同，而物理因素壓力所帶來的影響也不會馬上就顯現。因此，雖然不存在對任何人都有效、又可立竿見影的壓力排解方法，但首先希望大家意識到的是，我們得先處理壓力的來源。

壓力不是刺激本身，而是因刺激而產生的變化。換句話說，重要的是處理導致壓力產生的刺激，這稱為「應付壓力（stress coping）」，將積累的壓力順利排解也是應付壓力的一環。

也就是說，應對壓力的重點是要意識到、盡量減少一開始產生的壓力的同時，也要儘早排解掉積累的壓力。

接收到壓力後，體內會產生什麼變化？

壓力不是刺激本身，而是因刺激而產生的機能變化。那麼，我們的體內會產生什麼樣的變化呢？

依據壓力的種類，會有些許不同的變化。

首先，根據持續時間的不同，壓力可分為「急性壓力」和「慢性壓力」這兩種類型。

急性壓力指的是持續時間短的壓力，包括突然的變化或遇到危機狀況，例如遇到天災、被嚇到，或是突然被告知令人震驚的事等等情況。

另一方面，慢性壓力指的是持續時間長的壓力，這種壓力的特徵是多半會和生活環境有所關聯，例如在學校或公司的人際關係不順利、多日失眠導致疲憊積累、新學期開始時很難習慣新環境等等情況。

依據受到的壓力種類不同，身體的反應也會有所差異。

當面臨急性壓力時，身體會產生「戰鬥」或「逃跑」的反應。

由於人類最初是狩獵民族，所以當遇到無法預測的事態發生，身體就會立即做出反應，判斷要戰鬥還是逃跑。

在這種情況下，屬於自律神經的其中一種交感神經起了很大的作用。

交感神經具有能使人體處於興奮狀態的作用，當急性壓力發生時，交感神經會處於優位，並釋放出腎上腺素或正腎上腺素等等神經傳導物質，造成瞳孔放大、心跳數上升、呼吸急促、血壓上升並抑制腸胃或膀胱等等內臟機能。身體轉為興奮狀態後，體內環境會迅速產生變化，以利快速應對意料之外的事。

大家有過突然被告知令人震驚的事時，感到心悸或口乾舌燥的經驗嗎？這正是受到急性壓力時，交感神經處於優位的狀態。

如前述，感到急性壓力時，交感神經會暫時處於優位，但通常不久就會冷靜下來，回到普通的狀態。

另一方面，慢性壓力是因為由腎上腺所分泌的皮質醇過多，導致身心呈現不安定的狀態。

皮質醇原本能幫助身體對抗壓力，具有促進代謝、抑制免疫反應並減輕發炎等等效果。然而，處於長期壓力下會慢性增加皮質醇的分泌量，反而會為身體帶來負面影響。

當皮質醇分泌量增多時，不僅會提高罹患高血壓、糖尿病、高脂血症等等生活習慣病的風險，也被認為和憂鬱症、焦慮症、創傷後壓力症候群等等精神疾

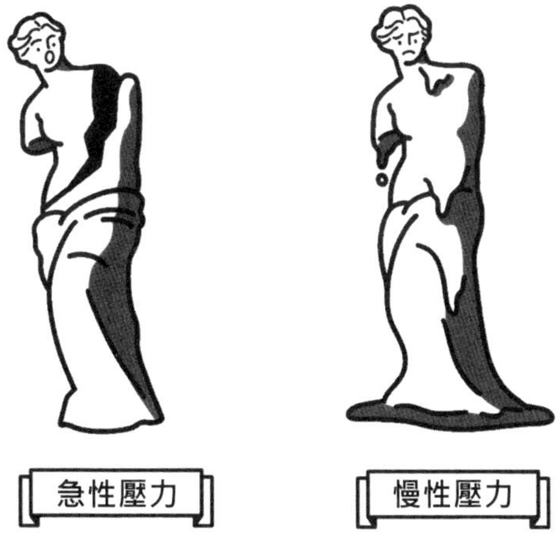

病的發病有所關聯。原本應該要保護身體的賀爾蒙，卻因為慢性壓力導致失調與失控。因此，皮質醇也被稱為「壓力賀爾蒙」。

這就如同校園內應該要端正風紀的糾察隊過於積極，導致周圍的反彈，結果反而讓校內的紀律更加紊亂一般。

了解體內發生的情況後，模糊的壓力形象會變得清晰，也能更冷靜地應對壓力。

適當的壓力也能產生正面的影響

大家也許都有聽過「適度的壓力對生活而言是必要的」這句話。

雖然壓力經常帶有負面的意涵，但實際上壓力到底是好是壞呢？

前面已經有提過，我們日常接收到的壓力來源分成物理因素和心理因素。

如果是物理因素壓力，則這種壓力越少我們越能健康地活著。為了保持身體的體內平衡，最好盡量避免長期待在極冷或酷熱的地方，以及避免在極端明亮或吵雜的環境中生活，以免造成身體較大的負擔。也就是說，物理因素壓力並不能算是好的壓力。

另一方面，因為在相同情況下，是否會感受到壓力因人而異，所以心理因素壓力有可能會是好的或壞的。但是，**比感受壓力的方式還更重要的是「看待壓力的方式」**。

羅徹斯特大學（University of Rochester）的心理學家傑洛米・傑米森（Jeremy P. Jamieson）針對壓力效果所做的研究指出，考試前被告知「曾有研究指出感受到壓力的話考試成績會變好」的學生，比起沒被告知的學生在考試中獲得更高分。

換句話說，只要抱持著「壓力具有正面作用」的認知，就能讓壓力帶來正面的表現。

例如，學校社團的重要大會或公司發表簡報的前一天，在緊張感加劇、承受巨大壓力的狀況下，會因為：「慘了，開始緊張了！必須要冷靜下來！」或是「不錯！會感到緊張表示是個好兆頭！」這些當下不同想法造成實際結果的變化。

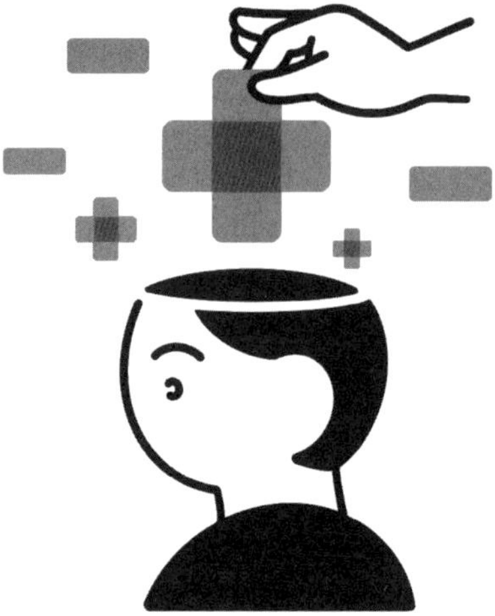

許多人認為壓力是不好的，最好是越少越好。與其這麼想，不如將壓力視為一種能提升自己、讓自己成長的事物，如此就能讓壓力站在我們這一邊。

然而，有些壓力即便改變看待方式也不會變得正面，例如來自對方的暴力或騷擾等等，有可能會在身心留下嚴重的傷害，所以請盡量避免這種壓力吧。

消除壓力的方法反而讓人感到壓力?!

即便是自身為了排解壓力或疲勞所採取的行動，大多時候可能不怎麼有效，甚至反而會造成壓力增加。網路、雜誌或書籍上記載的各式各樣「排解壓力方法」，其中有些方法是否真的有效，值得令人懷疑。

因此，這本書意圖向讀者們分享關於壓力的正確知識和更有效的排解壓力方法，以免讀者被錯誤資訊或不適合自己的方法牽著鼻子走。

要和壓力好好相處，以下兩點非常重要：

- **盡量不讓壓力積累**

● 需適當地排解壓力

能夠理解壓力，並且盡可能創造出一個壓力不會積累的環境，或是即便壓力積累，也能實行適當的應對方法，如此就能過上更舒適的生活。

此外，請不要認為這本書的內容就是全部了，請把本書當成線索，用來找尋看看適合自己的對應方法。

第2章

為什麼會累積壓力？

最重要的是「預防」壓力產生

要和壓力好好相處的關鍵是「不讓壓力積累」和「排解壓力」，其中希望大家特別注意的是「不讓壓力累積」這一點。

舉個例子，請大家試想一下減重時的狀況，比起「減少」體重，讓體重「不要增加」比較容易；感冒時也是一樣的，通常比起「治療」感冒，「不要得到」感冒反而比較容易。

如前述，通常比起恢復原狀，一開始就避免變成該狀態反而比較簡單。壓力也是同樣的，比起排解壓力，起初就不要讓壓力積累反而簡單得多了。

因此，讓我們從日常生活中開始意識到預防壓力這件事吧。

再者，處於壓力積累的狀態時，我們無法輕易地排解壓力。壓力積累時，不僅是精神，身體也同樣會受到負面影響。也就是說，壓力積累時，身體會處於比起平時更不健康的狀態。累積的壓力可能會造成影響，讓疲勞無法消除、感到身體倦怠。

處於這種狀態下，即便想要排解壓力，也往往難以成功。各位應該不難想像，健康時跑五公里和感冒時跑五公里相比，後者的難度會更高吧。

換句話說，比起在壓力積累後才排解，從平時就開始注意不要讓壓力累積其實更省事，也比較有效率。

話雖如此，要是能夠控制所有壓力，也就不會有人感到煩惱了。即使想著「每天都要避免累積壓力」，也很難真的做到。

然而，即便對無法控制的壓力無能為力，但就像透過平時洗手消毒來預防感冒一樣，當然存在著能避免累積壓力的預防措施。

避免累積壓力的第一步，必須要知道為什麼壓力會積累，以及其機制為何。洗手和消毒能夠有效預防感冒，是因為防止了造成感冒的細菌和病毒附著及侵入。同樣地，如果未能了解相當於病毒和細菌的壓力，以及壓力對身體的影響，僅僅只是籠統地應對，就不能算是萬全的預防壓力措施。

為了瞭解敵人，首先我們要從壓力的機制看起。

三種條件下會造成壓力積累

雖然盡量不要讓壓力累積比較好，但壓力往往會在不知不覺中積累。我們在日常生活中會受到各式各樣的壓力，但這些壓力多半很快就會被淡忘，或者只是身體可以適應的那種輕微壓力。

例如，差一點就能搭上想搭的電車時，那個瞬間會覺得：「唉唷！怎麼會這樣！」並感受到壓力，但搭上下一班電車後，很快就會在不知不覺中忘記那股壓力；聽到吵雜的聲音或是照到刺眼的光時，會對身體造成壓力，但過一會兒身體適應後，即便再受到相同的刺激，也不會感到那麼有壓力。這種程度的壓力不會給生活帶來障礙，不需要特別處理它。

然而實際上，確實仍有許多人每天都感受到很強烈的壓力。

那麼壓力到底會在什麼時候累積呢？

這取決於以下三個要素：「壓力程度」、「壓力次數」、「壓力的持續時間」。

「壓力程度」指的是壓力的輕重。比起輕微的壓力，重度壓力理所當然地會比較容易累積，後續對身心造成的影響也較大。我們不難想像，相較於日常生活中發生微小的討厭的事，遭遇了一場大失戀、重要的人過世、工作上犯了無法挽回的錯等等事件對於精神的打擊更大，只要想起這些事就會再次感到鬱悶。

「壓力次數」指的是接受到壓力的次數或連續性。即便是輕微的壓力，如果不斷重複多次接受到此壓力，也會成為壓力積累的原因。如果不只是一次來不及搭到電車，而是一天中不停發生兩次、三次呢？如果只是被上司挖苦一次可能還好,但要是一天內重複被挖苦好多次,就算是平常聽聽就過的人,也會感受到壓力。

心理學上已知,不論好事或壞事,人們會依據其重複發生的次數來增強印象,因此壓力出現的次數也會直接影響壓力是否積累。

同樣地,「壓力的持續時間」指的是持續長時間的壓力會比較容易累積,對身心造成的影響也較大。在第一章節已經以持續時間長短將壓力分為急性與慢性,比起急性壓力,慢性壓力更容易積累,後續也更容易產生影響。

總而言之,程度嚴重、次數多且持續時間長的壓力會容易累積。因此,相反地,為了避免壓力積累,「減輕壓力」、「減少次數」與「縮短持續時間」這三點就變得十分重要。

會累積壓力的人和不會累積壓力的人

日常生活中會接觸到各種人，我們會遇到看起來完全感覺不到壓力的人，也會遇到容易累積壓力的人。

其中的差異是從何而生的呢？

是否容易累積壓力多半取決於「性格」與「環境」。首先，「性格」的差異與是否容易接收到壓力有著密切的關係。舉個例子來說，我們不難想像，性格粗枝大葉、樂天、寬容或輕浮的人較不易累積壓力；相反地，具有纖細、悲觀、自責或完美主義性格的人則有容易累積壓力的傾向。

一般來說，這些個性從小到大不會有太大的改變，所以一個人的性格是否容易累積壓力主要是受到天生的性情影響。

然而，是否容易累積壓力並非全然由天生的性情來決定，環境同時也會造成很大的影響。

環境不僅僅指的是當下所處的環境，也包含從幼年時期到現在所經歷過的環境。我相信大家身邊應該都有這種人，上了大學以後性格變得開朗，或是換工作後突然變得認真，諸如此例。因為環境具有改變人們性格的能力，所以也會影響到壓力是否容易累積。

當然，當下所處的環境也會影響到你是否容易累積壓力。職場環境舒適、沒有負擔的工作通常比較不會累積壓力，而職場環境不佳、負擔大的工作則容易累積壓力，當下所處的環境造成的負擔越大，就越會累積壓力。

然而，除了環境，也會受到性格的影響，所以即便是處在同一環境中，容易受到壓力影響的性格也會使得壓力越會積累。

這樣一想，似乎容易受到壓力影響的人會無法從壓力中逃脫，但其實未必是如此。即便是容易受到壓力影響的人，只要發覺壓力的跡象並定期進行排解，就不會變成大問題。關於這點，容易受到壓力影響的人會比較敏感，所以也能儘早發現跡象並進行應對。

相反地，如果是個性不太容易感受到壓力的人，則會因為環境的影響，不知不覺回過神時，早已身處在過大的壓力中。尤其是認爲自己的「個性不容易受到壓力影響」的人對壓力的跡象會變得十分遲鈍，身心容易會在不知不覺中受到創傷。

壓力的跡象會於生活中現形

雖然壓力難以被覺察，但仍會對身心造成某些影響。我們只要在日常生活中仔細觀察，就能發覺壓力的跡象。

首先，「睡眠」的變化是十分常見的壓力累積跡象。其中，失眠算是比較好理解的徵兆，其他像是做惡夢、磨牙、睡相變差，甚至是睡太多，都有可能是壓力引發的跡象。

尤其是在生活作息規律，且沒有時差症候群、身體疾病或攝取咖啡因，睡眠環境也沒有變化的狀態下，仍然睡不著或睡太多，就很有可能是由某種壓力所引起的。這種時候請回想看看，相比平常生活，自己是否正處於容易感覺到壓力的狀態中？

磨牙或睡相的問題通常是自己無法察覺的，所以如果有家人或伴侶能幫忙查看睡覺狀態，最好要請他們告訴自己。此外，最近市面上有販售測量睡眠深度的應用程式或裝置，我也推薦使用這些產品來觀察自己是否有進入深度睡眠。

睡眠不只重量，也重質，如果是睡很久仍覺得睡不夠、或是連續好幾天白天都很睏的人，請測量看看自己的睡眠吧！

另外還有一個壓力累積的跡象，那就是「飲食」的變化。與平時相比，變得沒有食慾或是反而暴飲暴食，都和壓力有所關聯。有許多人壓力積累時，會變得食慾不振或是暴飲暴食這兩種情況。

乍看之下，這是兩種相反狀態，但為什麼這兩種情況都是由壓力所引起的呢？這可以從神經系統及賀爾蒙的活動來說明。

首先，當急性壓力發生時，自律神經中的交感神經會變得活躍。交感神經在升高心率及血壓的同時，也會抑制內臟的機能，這樣會減少腸道中黏液的分泌量，造成消化食物的能力減弱，最終導致食慾下降。因為壓力而感到腹痛或胃潰瘍等等症狀，都是因爲受到了交感神經作用的影響。

然而，當急性壓力獲得緩解時，副交感神經處反而於優位，導致食慾增加。受壓與釋壓之間的落差越大，就越有可能造成暴飲暴食。結束高度緊張的工作時，會想要暴飲暴食的狀況，也和自律神經有所關連。

同樣地，被稱為壓力賀爾蒙的皮質醇也會造成極端的飲食習慣。長時間持續的壓力會分泌皮質醇，而皮質醇會抑制「瘦素」的分泌。瘦素是可以減少食慾的賀爾蒙，適當的瘦素分泌能刺激飽足中樞並抑制食慾，但因為皮質醇的作用導致瘦素分泌減少，造成抑制食慾的剎車失靈。

透過和自己平時的飲食頻率或食量進行比較，就能輕易覺察飲食方面的壓力跡象，所以如果飲食方面出現異常時，最好重新評估自己當下所處的環境。

睡眠和飲食等等出現在體內的壓力跡象相對較容易察覺，而另一方面，精神方面的壓力跡象則往往難以察覺。

壓力積累時會對精神方面造成各種影響，例如不安感加劇、感到焦躁、心情低落、注意力下降、毫無幹勁、變得悲觀等等，可以說這些跡象幾乎和憂鬱症的症狀相同。

當然並非一有壓力就馬上會得憂鬱症，只是當壓力積累時，精神方面的變化和憂鬱症的症狀大致相符，因此為了預防憂鬱症，也請記得預防並減少壓力累積的重要性。

如果情況在一兩天內就自然而然地好轉，或是可以適當程度排解掉壓力，那就沒有問題。然而，若壓力長期持續或是無法緩解時，就會增加罹患憂鬱症的風險，所以請養成排解壓力的習慣，避免每天累積壓力。

不會積累壓力的訣竅是凡事不要太精確

提到「不會累積壓力的習慣」時，各位會聯想到什麼呢？

我想大家腦海中應該會浮現這些內容：每天都在固定的時間起床、一週運動三次以上、一天三餐飲食均衡、每天睡六小時以上，或是不做不想做的事。

那麼，只要養成這些習慣，就能成為完全不會累積壓力的人嗎？

答案是不行，與其說這樣太過精確的生活會讓人疲憊，倒不如說光是要實際執行就不太可能了。

如果各位是平常就能實踐這些習慣的人，應該從一開始就不會入手這本書了。

這些習慣當然全都很重要，但是會拿起這本書的讀者，應該也存在著那些無法保有睡眠時間、暴飲暴食或是做著不想做的工作的人，為此我想分享給他們一些不必勉強自己就能避免壓力累積的習慣。

「stretch」這個單字含有「拉長」的意思，其實它和壓力（stress）這個單字的來源相同。

壓力如果像被拉長一般，持續處於負荷過重的狀態下，壓力便容易積累，因此要從平時開始注意不過度施加負擔，才能邁出養成不累積壓力的習慣第一步。

如果能夠自然而然地做到早上在固定時間起床、一週運動三次以上、留意飲食營養均衡等等事情，那就沒有問題，但如果這些事造成的負擔過重，反而會讓持續下去這件事變得壓力重重。

因此，如果要養成某種習慣，只要設定比自己目前的狀態「稍微高一點點」

的目標就好，先等到能輕鬆達到這個目標後，再設定接下來的目標。

在此基礎上，希望大家注意這兩件事：「決定什麼事不做」與「改變面對不想做的事的態度」。

首先，不是決定要做的事，而是「決定什麼事不做」。

人們打算養成某種習慣時，通常會決定「要做的事」，例如每天要走三十分鐘、一週要去一次健身房等等。但是，如果決定了要做的事，要是中途有一天沒有達成，通常就會難以養成習慣。

因此我推薦大家「決定什麼事不做」，也就是要改善自己生活中的負面行為。

但請大家注意，絕對不要考慮將這些行為直接減至零發生。例如想停止暴飲暴食時，不要想著「不要暴飲暴食」，而是要想「一週最多只能暴飲暴食一次」。

透過訂出想要戒掉的行為的最低標準，當做出這種行為時，罪惡感會減輕，且更重要的是你會較容易繼續戒除此行為。

上述方法還可以運用在其他不健康的習慣上，例如抽菸、熬夜或亂花錢等等，請把這個方法當作改變壞習慣的契機，試著採用看看吧。

隨著壞習慣減少，生活中的混亂能獲得改善，也能減輕壓力，最終便容易走入良性循環。照著這個方法做，一開始覺得很難達成的規律運動與睡眠，都意外地能做到，所以作為養成不累積壓力的習慣的第一步，請試著決定出不做的事吧。

第二件事是「改變面對不想做的事的態度」。

任何人都會遇到必須得做不想做的事的情況，但希望大家記在心裡的是，當下我們要將這個情況想成「對自我的成長有幫助」。

例如，突然被派了繁瑣的工作時會感到壓力，然而，如果只是將它認定為壓力，則身心靈的負擔會變得更重。請試著在感到壓力後，稍微喘口氣，並且思考看看「做這件事會帶來什麼好處呢？」

以上述被分配工作的例子來思考，可以想到這些好處：能夠當作提升作業效率的練習、能對同事提供幫助、上司對自己的評價更佳等等。這樣一來，原本令人討厭的事情便會轉變成對自己有益的事。

時常聽到有人說「為了在公司做出一番成績，要先喜歡上工作！」但我對這種思考方式並不是很贊同。無論是什麼事，不擅長的事就是不擅長、討厭的事就是討厭。如果有人和我說要喜歡上某件事我就能立刻喜歡上，那日常生活中應該也就不存在什麼煩惱了。

因此就算不擅長或不想做也沒關係，只要想成是為了成長而做就好。

用體育活動來思考會比較好懂，本身就喜歡跑步訓練或柔軟體操的人相對較少，但正是因為知道這些基礎項目可以帶來更優秀的成果，所以才能堅持下去。

如前述，即便是不想做的事情，只要賦予它一些意義，感受到的壓力程度便會降低。同樣地，面對令人震驚或厭惡的事情時，儘管已經發生的事實不會改變，但要怎麼賦予它意義是你的自由。

感覺到壓力時，請稍微喘口氣，並試著思考這件事會為自己帶來什麼吧。

盡量習慣這種思考方式後，對於壓力的感受應該會完全不同。

透過改變環境來阻擋物理性壓力

為了避免壓力積累，重點是要根據壓力種類調整應對方式。

前面已經有提過，壓力分成物理壓力與心理壓力。

物理壓力來自於強烈的光或聲音、冷熱或傳染病等等穩定性干擾的外來刺激。面對物理壓力時重要的是，判斷自己是否能適應這些刺激。

因為每個人天生具備的體質或特質不同，所以面對相同刺激的容忍程度也是因人而異。有的人怕熱，也有的人怕冷；有的人很耐痛，也有的人很怕痛；有的人擅長吃辣，也有的人不擅吃辣，每個人對於外來刺激的反應都有所不同。例如，怕冷的人長期待在寒冷地帶就會產生壓力，但如果是怕熱的人待在寒冷地帶，反而能更舒適地生活。

因此，避免累積物理壓力的訣竅是在生活中意識到自己當下所處的環境是否舒適，或者至少不會感覺到不快。

如果環境讓人感覺到物理壓力，那就要採取一些對策，或是有必要視情況改變環境。

我以前負責治療的病患中，有一位對聲音非常敏感。

那位病患對在附近玩耍的小孩嬉鬧聲感到很焦躁，每次來看病時總會抱怨他感受到壓力。一開始我教他在小孩玩耍的時段關上窗戶或窗簾，盡量避免聲音竄入，或是戴耳機聽音樂，以及睡覺時戴上耳塞等等對策。

但他仍然受不了，於是開始考慮搬家。對於抱怨小孩聲音的投訴並不多，所以大概不是那種大家都會在意的噪音，只是因為那位患者無論如何都忍受不了，才會到了考慮搬家的地步。

所以，我們要認清自己對於物理刺激的容忍範圍，然後打造出一個舒適的環境。

避免心理性壓力要靠提前預測

如果是要應對物理壓力，我們能輕易想像得到方法；但如果是心理壓力可就沒那麼簡單了。因為心理壓力的個體差異較大，通常難以預測。

比起因為怕冷或者怕熱的體質造成的物理性壓力，心理反應的壓力對每個人來說差異更大，就算是身處同一情境下，有些人什麼感受都沒有，有些人卻感到很震驚。

再者，心理壓力很複雜，因為即便是針對同一件事，也會根據那瞬間的心理狀態而改變看法。平常不會太在意的芝麻蒜皮小事，在情緒低落時往往變得會消極，不禁會認為自己「為什麼總是遇到討厭的事啊……？」

此外，心理壓力會在無法預想到的時機點突然出現，這也是它的特徵之一。尤其是在人際關係中，有許多事情是自己無法控制的，因此我們經常會突然受到某人無心的一句話或行為所影響。

和物理壓力不同，由於心理壓力具備上述這些特徵，所以很難避免掉。可以說現代中的壓力半數以上都屬於心理壓力，因此要避免壓力累積並非易事。

不過，仍有幾個訣竅能夠避免這種心理壓力累積。

其中一個避免心理壓力累積的訣竅是，盡量事先進行預測。基本上，壓力會在遇到預料之外的事情、或是超出自身能力範圍時產生。當然，我們難以針對無法預測的事件設想對策，但是我們能夠從平常開始，針對在職場或學校可能發生的壓力事先進行一定程度的預想。

例如，職場的同事或上司中，有人會故意諷刺，那就要事先想到「他就是那種人，也許又要來挖苦我了」；即便突然被分派工作加班，只要想著「加班很常發生」，那麼就能減少心理壓力。

事先想好各種情況，這樣當預料之外的事發生時，就不太容易動搖，能夠不慌不忙地應對。

另外一個避免心理壓力累積的訣竅是，從平時開始過上健康的生活。雖然人腦非常複雜，尚有許多未解的功能，但它仍然屬於器官的一員。過上健康的生活能提升免疫功能，變得不容易感冒，同樣地，保持健康也能幫助腦袋變得不容易感受到壓力。

持續不健康的生活會導致身體容易不適，造成大腦功能下降，進而變得注意力不集中或是容易產生負面思考，連帶對壓力的耐受度也會減低。再者，就像發燒臥病在床時難以正向思考一樣，身體和心靈的狀態是聯動的，所以為了讓壓力不易累積，持續健康的生活是非常重要的。

觀察那些容易累積壓力的人的生活，會發現他們經常因為平時生活混亂或是沒有充分休息的時間，而承受了比壓力本身強度更為嚴重的壓力。這種情況下，維持規律生活和充分休息就會變成最優先要做的。

然而，如果是工作忙碌無暇顧及，連過上健康生活的餘裕都沒有，那麼疲勞就難以消除，壓力也會繼續積累，這時候必須要想辦法改變環境。然而很多時候無法改變環境，但如果這個狀況持續下去，總有一天身體或心靈其中之一會崩潰。這時候請找身邊的人或是精神科求助，並暫時停止工作等等，藉以讓自己重新審視生活。

正如前面提及的，預防壓力至關重要，因為如果壓力持續積累搞壞身體，治療身體要花上更多的精力與時間。

光強調避免壓力積累的重要性是不夠的，如果你自覺正在過著不健康的生活，那就盡早重新檢視生活吧。維持健康的生活是避免壓力累積的第一步。

下一章開始，讓我們來看有哪些具體排解壓力積累的方法吧。各位一定能在下一章發現對於常見的壓力排解方法的誤解，或是能找到更好的方法。

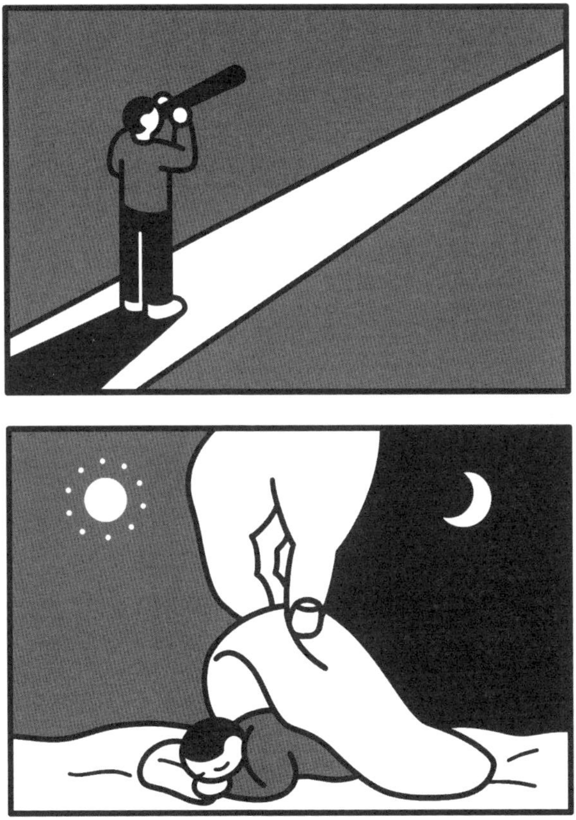

第3章

正確的消除壓力方法

思考篇

正確的消除壓力方法

01

常見的壓力消除方法

只做開心的事

更好的壓力消除方法

就連負面情緒也照樣沈浸其中

當壓力積累時，許多人會考慮做快樂的事來分散注意力，對吧？

如果能靠快樂的事快速轉換心情當然很好，但有時還是會無法順利轉換，這種時候不需要勉強做快樂的事。

例如，和戀人分開或是工作上犯了大錯等等受到打擊的事發生後，心情通常會變得低落，這種情況下，即便勉強做快樂的事，也難以立刻轉換心情，反而有可能無法好好享受平常覺得快樂的事，進而讓心情更加沮喪。

因此，**難過或心情低落時，不要勉強做快樂的事，試著沈浸在這股情緒中吧**。

這時流淚就很重要，有一陣子「淚活」這個詞還成為了話題，實際上，眼淚具有能緩解壓力的作用。

流淚會使得能穩定心情的神經傳達物質「血清素」分泌，因此難過或心情低落時，流淚是有用的。

各位讀者們應該有人有過這種經驗：盡情大哭一場後意外地感到痛快。難過時哭泣在生物學上也有意義，所以不需要忍耐，也不需要勉強做快樂的事。請大家記得，沈浸在傷感中或是流淚都是緩解壓力的必要方法。

然而，被討厭的事絆住，一直無法忘懷，這也是個問題。因此，為了避免這個情況，請大家留意，雖然可以保持著情緒，但是要改變情緒的對象。

意思是，例如心情悲傷時，不要去想自己實際發生的事情，而是故意去看會讓自己哭泣的戲劇或電影，這樣就不用勉強自己切換情緒，也不會被自身過去發生的事纏住。將懷抱情緒的對象從自己遇過的事，換成戲劇或電影中發生的事。

此外，這個方法同樣能套用在憤怒的情緒上。不要將生氣的對象集中在特定的人事物上，而是改變對象來使情緒發散，例如將對象改成拳擊等等格鬥技，或是能打倒敵人的遊戲。

前陣子很流行〈吵死了〉（うっせぇわ）這首歌，大聲地唱這首歌也很不錯。享受著聽這種歌曲很好，也很適合當作在卡啦ＯＫ釋放壓力的歌曲。

當悲傷或憤怒等情緒變得強烈時，不要勉強做快樂的事，而是要留意保持原本的情緒，並改變對象來釋放情緒。

正確的消除壓力方法

02

常見的壓力消除方法

透過忙碌獲得充實感

更好的壓力消除方法

適度地休息

各位是否有過「忙碌時不會感覺到疲勞」的經驗？

有些人具有這種特質，不論是工作或是私人生活都不間斷地做自己想做的事，讓生活充實是他們的人生目標。他們看似越忙碌就越有活力，過得越充實。

不過，從壓力的觀點來看，這種生活其實有些危險。

忙碌確實能讓人感到人生更充實，當我們全神貫注於某件事時，體內會釋放多巴胺和腎上腺素等神經傳導物質，使我們變得比較不會感到疲憊。

然而，如果這個狀態一直持續下去，身心靈會在某天達到極限。

忙碌卻感覺不到疲勞的狀態，就和喝提神飲料一樣，不過是暫時的效果。如果一直處於忙碌狀態，反而可能會忽略掉疲憊的警訊，所以適度休息是必要的。

就像不管是再怎麼頂尖的運動員，都會有休賽的期間，如果不穿插休息，就無法拿出最好的表現。

日復一日訓練、理應比普通人更有體力的運動員都會好好休息了，我們也不難想像，非運動員的人們不休息卻持續活動的後果會是什麼了。

精神科的疾病中有一種病被稱為「雙極性情緒障礙」，特徵是會不斷反覆陷入興致高昂的躁期和心情低落的鬱期。

躁期時會覺得自己無所不能，變得非常積極，不睡覺地到處活動，躁期大多會持續一個星期左右才會冷靜下來，之後就會進入鬱期；進入鬱期後，彷彿先前的躁期不存在般，活動力會下降，容易會有將自己關在家裡的傾向，心情也會變得鬱悶。

即便還沒到達雙極性情緒障礙的程度，但一定有人有過這種經歷：在持續忙碌一段時間後，突然失去幹勁，做不到之前能做到的事。這就是所謂的「燃燒殆盡症候群」，指的是在忙碌的時期，或是達成某件事後失去幹勁的狀態。

忙碌時能忘記疲憊或許是件好事，但要是患上燃燒殆盡症候群，總體而言最後的表現反而會下降。

正因如此，重要的是從平時開始有意識地確保每天、每週、每月等定期休息的時間。

比起發揮百分之百的力氣跑得上氣不接下氣，最終變得無力，倒不如維持住百分之八十的表現，如此對身心靈的負擔都更小。為了獲得充實感而故意忙碌不休息的人們，請先好好確保自己有時間照顧身心靈吧。

而那些因為工作或任務太多，導致沒時間休息的人，可以說他們的生活本身就存在問題。如果不好好思考，自己能否確保休息的時間，即便只是一點休息時間也好；或者考慮將一些事情交給別人來做，不然再這樣持續下去，不知不覺中，身心靈都會受到侵蝕。讓我們重新檢視一遍自己的生活，確認是否有足夠的休息時間吧。

正確的消除壓力方法

03

常見的壓力消除方法

回想快樂的回憶

更好的壓力消除方法

專注在此時此刻

打掃房間時偶然發現以前的相簿，因此陷入傷感中，或是忽然回顧手機裡的相簿，回想當時覺得好快樂，懷念起過去的時光……

每個人都曾回憶過人生中快樂的那一瞬間。

這個行為本身沒有問題，我也完全沒有要限制大家回憶的意圖。然而，以「排解壓力」的脈絡來思考的話，我不推薦這個行為。

開頭提到的兩種情況是偶然或是無意中發生，然而為了消除壓力而「故意」回想快樂回憶的行為，視情況可能多少伴隨著風險。因此，需要特別注意，當身心疲憊、想要恢復身心靈狀態時，特意去回想快樂回憶的情況。

因為回想快樂回憶時，可能會產生「以前明明很快樂，相較之下現在卻不如以往的想法」，這樣會放大當下的負面情緒。

基本上，只有在身心都處於健康的狀態下，才能製造出快樂的回憶。大家試著回想看看快樂的回憶就能理解，在回憶中的當下幾乎不會處在身體虛弱或精神狀況不佳的情況。

當心理或身體其中之一處於虛弱狀態時，由於與平時狀態不同，容易會留下印象，但這種記憶多半會被記成「艱難」或「辛苦」的回憶，而不是「快樂的回憶」。

將消除壓力當作目標時，自己多半已處於壓力積累的狀況了，所以這時若回想快樂回憶，很有可能會讓自己比較過去和現在，進而放大悲觀的情緒。

因此，在這種狀況下不要回想過去快樂的回憶，而是要專注在當下，思考如何才能稍微緩解壓力。當然，排解壓力的方法會視情況和個人而異。

散散步、聽放鬆的音樂、和別人傾訴自己的事等等，不論是哪種方法，排解壓力重要的是須著眼在「當下能做到些什麼」。

雖然回想快樂回憶輕而易舉也不費力，但實際上也許派不上用場，所以並沒有必要為了排解壓力而回憶。

再次強調，「回想快樂回憶」這個行為本身不是壞事，只是要請大家記住，為了排解壓力而做這件事並不適合。

當痛苦或沒有精神時，不要去滑手機裡的相簿，而是試著聯絡照片裡的朋友，或者放下手機伸展、散散步吧！

正確的消除壓力方法

04

常見的壓力消除方法

即便被別人討厭也照樣做

更好的壓力消除方法

至少要保有自己的意見

這點不只涉及到壓力排解，也和一個人的生活方式有關。

最近常在社群網站或網路上的文章看到這些建議：「為了避免壓力積累，最好要按照自己喜歡的方式生活」、「不能害怕被周遭的人討厭而活著」，另外像是「日本人太在意他人目光」、「不要察言觀色」等等說法也很常見。

確實，因為日本是島國，人與人之間的同儕意識高昂，從以前人們就生活在周遭的目光下，不停地顧慮他人。在呼籲多樣性，以及許多新文化傳入的現代，日本人的這種思維似乎不太適用了。

正因如此，如今才會常常聽到這種主張：不要在意周遭目光、自由地生活，或是活著應該只做自己喜歡的事。我也贊同這種想法，如果能按照自己喜歡的方式生活，壓力確實不會積累。

然而，我卻難以給予這種方法全面的肯定。

「不要在意他人目光，做自己想做的事」這部分我是贊同的，但是，當這種態度極端到「不察言觀色、給周遭帶來麻煩」的話，那意義上就有點不同了。

雖然最近多樣性已備受重視，但即便如此，日本仍存有尊重他人的文化。這種文化影響久遠，最重要的是讓許多人仍保有「不要給別人添麻煩」的思想。

我認為日本人的這種顧慮非常好，也絕不能抹去這種文化的根本，所以我覺得我們應該要自由地做喜歡的事，但不應該為了衝出一條自己的路而造成周遭困擾。

例如，和朋友一起去旅行時，主張自己想做的事或想去的地方是你的自由，但是應該要避免堅持己見而造成周遭困擾，或是破壞大家氣氛的行為。

我們應該避免過於顧慮周遭而非得做自己不想做的事，但這並不代表可以不察言觀色、造成周遭麻煩。

重要的是堅定主張自己的意見，以及傾聽周遭的意見。最好避免未經思考就隨波逐流，但忽視周遭意見一味猛衝也不是件好事。

話說回來，有些人「為了避免壓力積累而想自由地生活，但又覺得被人討厭這件事本身就是一種壓力」，所以如果蠻橫地猛衝，反而是本末倒置。

我認為比起擁有「被討厭的勇氣」，更重要的是擁有「主張的勇氣」。比起被人討厭而造成壓力積累，能在重要的時刻堅持自己的觀點，同時又不會被別人討厭地生活著不是很好嗎？

正確的消除壓力方法

05

常見的壓力消除方法

不表達情緒

更好的壓力消除方法

釋放情緒也沒關係

觀察近年的社會風潮，我總覺得表達情緒被看作是一件壞事。

人們似乎普遍認為，精神不穩定的人容易情緒化，而心理狀況穩定的人則不會被情緒牽著鼻子走，總能保持著冷靜。

然而，真的不能表現出情緒嗎？

確實，我們會希望避免被情緒擺弄而看不清周遭，或是因此陷入人際關係的問題。然而，這些問題是我們表現出情緒後採取的行為所導致的。**換句話說，情緒是行為的起點，後續採取的行為可能導致負面情況發生，但並不能將情緒本身視為負面的**。

我們拿這個例子來思考看看：發生了討厭的事情後，憤怒情緒湧上，開始丟東西搞破壞。丟東西搞破壞固然不是我們期望的結果，但在這之前所表達出的憤怒情緒本身並不是一件壞事。

情緒本身並不是一件壞事，而是當我們被情緒牽著走、失去控制時，壞事才會發生。

話說回來，不表現出情緒本來就十分困難。不表現出情緒意味著即便發生快樂的事也不笑，遇到難過的事也不悲傷，碰到討厭的事也不生氣。

從生物學的角度來看，情緒可以說是一種本能，所以難以從根本上壓抑它。因此，**我們應該要意識到，不是「不能表現出情緒」，而是「即便表現出情緒也沒關係，但不能讓它導致負面的行為」**。

精神科常用一種稱為「憤怒管理」的方法，這個方法不會讓人不生氣，而是要讓人生氣後可以早點恢復冷靜。

典型的做法是「數六秒」或「深呼吸」。儘管無法避免生氣，但憤怒管理的本質在於控制這股情緒不會導向別的方向。

因此，重要的不是不表現情緒，而是不要因為情緒而迷失自我。從排解壓力的角度來思考，表現出情緒反而是一件好事。

想笑的時候就看搞笑節目笑個夠、想哭的時候就看感人的電影哭個夠，這些都是優秀的減壓方法。只要不會傷害到人事物，那麼想生氣的時候就生氣也是一種壓力排解方法。

不釋放情緒反而可能會導致壓力，所以大家請將「不能表達出情緒」的意見當成耳邊風，好好地和自己的情緒相處吧。

正確的消除壓力方法

06

常見的壓力消除方法

忘記討厭的事

更好的壓力消除方法

不要去想著要忘記它

不論是誰，生活中都會遇上令人討厭、震驚或是受傷的事。事情過後回想起這些事，又會再次心情低落。

然後，即便試圖轉換想法並告訴自己「不可以再想這些事了，忘掉吧」，也難以從腦海中抹去這些想法……上面這些狀況是否引起你們的共鳴呢？

人們總是傾向於想著「不要去想那些討厭的事」，但有研究結果指出，這種思考反而會造成反效果。

美國的心理學家丹尼爾・韋格納（Daniel Merton Wegner）提出了這種現象：「越努力不去想某件事，反而會讓那件事越難從腦海中消失」，這就是「後抑制反彈效應」。

「白熊實驗」便是以此現象為基礎的實驗。

白熊實驗中會分成A、B、C三組觀看白熊的影像，並且分別給予以下指示。

給A組的指示是：「要記得白熊的事」、B組的指示是：「要不要想著白熊都可以」、C組的指示是：「絕對不要去想白熊的事」，一段時間後進行調查，結果顯示對白熊的記憶最清晰的竟然是C組的參與者。

也就是說，被告知「不要想」的人反而更容易留下記憶。那些平常就會勸自己「不可以想」或「忘記吧」的人，很有可能正在強化自身的負面記憶。

例如，失戀後即便想著要「忘掉那個人」，但卻難以忘懷；或是即使想著「為了要戒菸，而不去想菸的事」，但卻反而更想吸菸，這些都是所謂的「後抑制反彈效應」。

從這些例子可以得知，不用勉強自己忘記那些令人厭惡或震驚的事。

既然不能想著要忘記，那該怎麼轉換心情才好呢？答案是「思考其他事情」或是「專注於其他行為上」。

人類基本上無法同時思考兩件以上的事，所以當不愉快的心情湧上心頭時，不要試圖忘記它，請試著思考其他事情。

然而，突然切換思考是一件難事。而且，前面也有提到，回想快樂的事可能會造成負面作用。這種時候可以從一些簡單的工作開始著手，像是打掃或整理房間、散步或冥想等等都很好。請找出能夠全神貫注在上頭的事情吧。

不過，不論是要做什麼，都絕對不能「同步進行」。基本上，當正在做某個動作時，請將注意力全都集中在當下的事。舉例來說，打掃時請一邊著眼於垃圾是否有掃乾淨、是否還有污垢殘留等等，一邊進行打掃工作。

因為人類無法同時思考兩件以上的事，如果一邊打掃，一邊思考要做些什麼菜，會導致兩邊的思考都半途而廢，讓別的想法趁隙而入。

當感到煩惱或心情低落時，請專注於當下能做的事情上吧！這將有助於改善心情。

正確的消除壓力方法

07

常見的壓力消除方法

對任何事都保持樂觀

更好的壓力消除方法

想想樂觀該運用在何處

「凡事都要保持樂觀思考，人生才能過得幸福。」

「停止負面思考吧。」

大家應該都有耳聞過這些說法吧。

對任何事都保持樂觀思考確實可能會比較輕鬆，也會減少討厭的感受。平常採取負面思考的人可能也會羨慕擁有樂觀性格的人。

但是，認為只要保持樂觀只會帶來好處，真的是如此嗎？我認為也有必要了解樂觀思考的缺點是什麼。

保持樂觀思考時，需要特別留意以下情況：找到目標及面對失敗時。

首先是「找到目標」的時候。我相信每個人都會在人生中某個時機點找到想要達成的目標。以準備考試為例，為了考到理想學校，當然必須要持續付出適當的努力準備考試，但如果過度樂觀思考會發生什麼事呢？沒錯，有時候我們會樂觀地認為「一定沒問題」、「船到橋頭自然直」，而沒有付出對應的努力。正因如此，為了達成目標，適度的不安和焦慮是必需的。

「如果出題方向改變了該怎麼辦？」、「如果遇到不擅長的題目該怎麼辦？」正是因為有這些情緒加入學習過程中，才更容易接近目標達成的那一天。

工作和個人生活也是同樣的道理，保持適度的緊張感可以帶來動力及效率，因此如果以樂觀來掩蓋緊張感就太可惜了。

再者，在某件事上遭遇失敗時，樂觀思考也可能是危險的。

保持著極端樂觀思考的情況下，當面對失敗時，人們通常會覺得「算了，不用在意也沒關係吧」，這是一種危險的樂觀思考。

樂觀思考原本指的是當遭遇失敗時，能夠思考失敗的原因以及反省，並積極地思索如何避免重蹈覆轍，不是逃避失敗，而是要接受它，不會一直悶悶不樂，這才是真正的樂觀思考。

如果誤以為樂觀等同於不在乎失敗，就可能會導致同樣的錯誤一犯再犯，或是在不知不覺中造成周遭的困擾，請大家多加留意。

然而，如果一個人保持極端樂觀的思考，即便沒有達成目標、重蹈覆轍，他也還是會覺得很幸福吧。雖然這也許不是件壞事，但若是一個人樂觀到這種地步，就會難以突破現狀成長，身邊的人也會覺得這個人沒有責任感。

我相信大家都有想提升自我的幹勁，也希望和身邊的人和睦相處，因此才會入手這本書。讓我們不要為樂觀思考的神話所困，將樂觀運用在對的地方吧。

正確的消除壓力方法

08

常見的壓力消除方法

不抱怨

更好的壓力消除方法

適當地抱怨

各位對「抱怨」有什麼樣的印象呢？

有些人認為「即便抱怨也解決不了根本的問題，所以抱怨沒有用」，也有人表示「和同事一起去喝酒時，不知不覺就會變成對上司的抱怨大會」。

雖然抱怨與否和那個人的個性或思維有所關聯，但影響最大的應該是周遭環境。對周遭人事物感到不滿，或是無法接受現狀的人們往往更容易抱怨。

雖然在社會上對於「抱怨」的評價很兩極，但從排解壓力的角度來看，抱怨有時是必要的。

不論是誰都可能因為意料之外的事，或是別人的言行而造成壓力積累，例如，因為一些沒道理的事情被責罵，或是突然被分派到工作時，會感到很不愉快，對吧？

面對這種突如其來的壓力積累時，抱怨是一種有效且迅速的壓力排解方法。

「抱怨」這個詞聽起來給人的印象不太好，但如果將抱怨改稱為「表達自己的心情」，聽起來感覺如何呢？

被人告知「最好別吐露出自己心情」的時候，反而可能會覺得表達心情的機會被剝奪，壓力累積得特別多，對吧？

某項考察中，調查了家庭主婦們聚在一起聊八卦時的效果，發現竟然有超過九成的主婦們回答「聊八卦能轉換心情及減緩壓力」。

聊八卦與抱怨同樣都是發洩心情的方法，因此抱怨也能消解壓力。

雖然抱怨本身也許改變不了狀況，也不是解決問題的根本之道，但並不能完全否定它能減緩壓力的事實。

此外，從心理學的角度來看，女性比起男性更容易與其他女性分享煩惱，也更擅於釋放壓力，就像聊八卦一樣，女性似乎更容易聚在一起，例如姊妹淘下午茶等等場合。

即便互相抱怨或訴說煩惱無法直接解決問題，但仍有助於整理思考及宣洩心情；另一方面，因為男性平常更容易積累怨言或煩惱，所以最好要有意識地找尋能夠抒發心情的出口。這樣一想，也就比較能理解上班族為何會在下班後常常光顧小酒館了。

然而，請大家要留意，正如章節標題所說，抱怨要「適度」。

請小心不要讓抱怨說著說著便成了說壞話大會，或是天天都在抱怨。如果過度抱怨，不僅會放大自己的負面心情，也會使傾聽抱怨的那一方感到疲憊不堪。

抱怨要適可而止，抱怨前也請先跟對方知會今天想稍微抱怨之後再開始吧，畢竟不論是對自己還是對對方而言，老是聽抱怨都是一件難熬的事。

正確的消除壓力方法

09

常見的壓力消除方法

借鑑他人的思維

更好的壓力消除方法

改變自己的思考方式

當為某事傷透腦筋時，有一種方法是「設想如果是某某某（別人）的話，他會怎麼做」。

某某某可以是偉人或名人、自己身邊的人等等。例如，面對工作上重大的決定而迷惘時，試著想像如果是自己敬重的上司，他會怎麼判斷；或是無法決定人生未來走向時，試著設想如果是自己的家人，他會怎麼建議自己。如此一來，可以幫助你產出一些自己原本想不到的點子。

如前述，當面臨抉擇或想消除迷惘時，借鏡其他人的思維是一種有效的方法。

然而，在煩惱或心情低落時，我不建議也採取同樣的方法。因為當情緒低落時，即便借鑑他人思維，也無法獲得明顯的效果。

例如，發生討厭的事而沮喪時，試著想像「如果是那個一直都很樂觀的某某某，他會怎麼想？」

這時得出的結論只會是「如果是某某的話，他一定不會感到受傷吧」。這種想法不僅不能安定自己的心神，甚至可能會因為開始與人比較而更加沮喪。

因為煩惱是主觀的，感受無法與他人做比較，所以當你正抱持著某種煩惱時，即便採取他人的思維也不會有太大的效果。

另外還有一種很類似且常見的錯誤建議，那就是：「這種事沒有什麼好在意的」。大家有注意到，這是基於發言者主觀判斷而給出的建議嗎？

「這種事沒有什麼好在意」的想法來自於給出建議的那一方，但提出來的人就是認為這是一件「大事」且「令人在意」，才會找人商量。

因此，即便是針對同一件事，感受也會因人而異，所以面對同一個煩惱時，直接採納他人的思維並沒有意義。

煩惱時，比起與他人比較，重要的是要試著修正自身思維，想想「是否還有其他種思考方式？」

發生令人錯愕或生氣的事時，也請試著這樣想吧：「雖然很錯愕，但總是會有這種事嘛」、「雖然很生氣，但也許對方遇到了什麼討厭的事吧」。

如果能修正自身思考，轉換思考方向，哪怕只是稍微減少了一點事件帶來的精神傷害，也能使自身的心靈成長。

正確的消除壓力方法

10

常見的壓力消除方法

無所事事地發呆

更好的壓力消除方法

有意識地專注在一件事上

我想各位每天生活都忙著工作、上學或做家事，當工作和課業忙碌時，為了在回家或假日時消除疲勞，應該會有許多人打算「今天要待在家無所事事地發呆」。

然而，「無所事事地發呆」看似是最佳的放鬆方法，但實際上從「消除疲勞」的角度來看，我並不推薦這種方法。因為發呆的時候雖然不會消耗身體能量，但卻容易讓腦袋處於無法休息的狀態。

最近的研究指出，無所事事發呆時，一種名為「預設模式網路」（Default Mode Network，簡稱DMN），神經迴路會變得活躍，這反而會使大腦更容易疲勞。

DMN可以比喻成汽車處於怠速的狀態，引擎沒有完全熄火，隨時都做好啟動的準備。由於引擎持續運轉著，據說當DMN活躍時，會使用到腦中60～80％

的能量。

由於一旦DMN活躍起來，腦袋會變得比完全沒活動的時候反應更加迅速，所以DMN被認為能有效幫助危機管理或產出新點子。

此外，因為DMN對放鬆身體和整理記憶也具有效果，所以DMN活躍不算是一件壞事。然而，正因為使用到大腦的能量，因此容易陷入「身體正在休息，但腦袋仍疲倦」的狀態。

大家是否有過明明無所事事地要廢度過了假日，但卻總覺得疲勞沒有被排解的經驗呢？這是因為無所事事導致DMN變得活躍，造成大腦處於疲倦狀態、無法消除疲勞的現象。

再者，當DMN變得活躍時，雖然會湧現各種點子，但另一方面，也存有產生多餘資訊的風險。無所事事時，我們可能會開始思考一些無關緊要的事，或者不安的感受會增強，這些正是ＤＭＮ的負面影響。尤其是在發生討厭的事情後，或是壓力累積時，ＤＭＮ會使得負面思考的可能性增高。這種時候與其發呆，不如確保能有時間集中精神在某件事情上面。

因此，我在精神科進行診療時，對於那些因為憂鬱症而必須停職的人，我會指導他們不要在家裡發呆耍廢，而是要將空閒時間用於專注在某件事上，例如散步或是一些簡單的作業。

ＤＭＮ並不是壞東西，所以不需完全讓它停止運作，只是為了避免在不知不覺中累積疲勞，我們要有意識地切換心理與身體的休息時間，例如現在該專注於某事，或是現在該讓身體休息。

正確的消除壓力方法

11

常見的壓力消除方法

不與他人比較

更好的壓力消除方法

以有利於自己的方式進行比較

最近隨著社群網路的發展，我們變得能夠窺見各種人的私生活。與此同時，人們也有更多機會看見身旁的人光鮮亮麗的生活而感到嫉妒，或是看到有才能的人很活躍而感到自卑。

因為與人比較很有可能會對心理造成負面影響，所以最近很常會聽到「不該與他人比較」的建議。

然而，與人比較真的是這麼壞的一件事嗎？

確實，如果與人比較會導致心情低落或是加深自卑感，那最好盡量避免比較。但我認為這取決於當下的看法，有時候與人比較也能帶來正面影響。

例如，看見周遭的人努力時，可能會受到鼓舞並覺得「自己也要加油」；看見別人光鮮亮麗的生活時，可能會想到「總有一天自己也想過這種生活」，並且成為努力的動力，如此一來就不能說與人比較是一件壞事。

因此，在與他人比較時，重要的是要「以有利於自己的方式進行比較」，以避免對自己的心理產生不良影響。

不過，是否能夠以有利於自己的方式進行比較，很大程度上取決於當下的精神狀態。當心情低落時見到看似一帆風順的人們，我們往往會以悲觀的角度來看待，所以在沒有餘裕切換想法的情況下，請盡量避免接收來自周遭的正面資訊吧。

假如你是一個無論精神狀態如何，平常只要與人比較就會容易變得負面，那這反而是個修正思維的好機會。

當悲觀的想法浮現時，請試著暫且停下並想一想：「哎呀，我又開始負面思考了。該如何做才能轉換思考方式呢？」

如果每次都能修正思維，自己平常的思考習慣也會逐漸受到矯正。這就和鍛鍊肌肉或是伸展一樣，不斷重複執行慢慢就會出現效果，請一定要試著養成修正思考方式的習慣。

正確的消除壓力方法

12

常見的壓力消除方法

和應付不來的人保持距離

更好的壓力消除方法

追根究柢應付不來的原因

一開始要請大家先注意，我不推薦這個方法給所有人使用。這個方法適合精神狀態穩定、強烈想要獲得成長的人們，請先理解這點再繼續閱讀下去。

我相信每個人都有應付不來的人，對此，我們常會聽到要與他保持距離的相關建議：「最好遠離應付不來的人」、「應該避免與讓你產生壓力的人接觸」等等。

大體而言，這種意見是正確的，但我們現在稍微轉換一下想法吧。

我想大家心中都會浮現出某個自己應付不來的人，那你有仔細想過為什麼會無法應付這個人嗎？請花點時間思考看看。

各位應該會想到各式各樣的理由：生理上無法應付、對方口氣粗魯或是太驕傲而令人難以應付等等。現在讓我們試著更深入挖掘並思考看看吧。

為什麼生理上無法應付呢？為什麼會無法應付口氣粗魯或是驕傲的人呢？

因為對方是上司才會討厭嗎？如果是另一個有著同樣個性的人呢？要如何改變才能不討厭呢……？

大家恐怕從來都沒有像這樣思考過應付不來的人，因為通常我們覺得對方難以應付時，就會與之保持距離，也就幾乎沒有機會深入挖掘與思考對方的事了。

然而，像這樣思考應付不來的人，其實也有助於分析自我。如果我們事先知道自己為什麼感到難以應付，諸如此類的資訊會成為對日後生活有助益的對策。

以不擅長的科目為例，我們會想避開這類不擅長的事情，所以接觸時間本來就短，也就無法克服不擅長的科目，這種案例十分常見。

但透過分析不擅長的原因，並一點一點地努力擊敗它、克服不擅長的科目，有些人可能還能讓不擅長的科目變成拿手科目。

國中時期的我也不擅長英文，但國三的時候我參加了寄宿家庭，接觸英文的機會變多了，從而開始好好面對英文。因此，我喜歡上了英文，後來英文也成為了我的拿手科目。

當然，在人際關係方面通常不會這麼順利，但「不擅長的自覺」較常是出於成見或是直覺，所以如果實際應對或接觸，就有可能克服。

因此，即便面對應付不來的人，只要將他看作克服挑戰或是成長的機會，這樣意外地可能會對自己產生正面的影響。

而且，與其籠統地認為自己應付不來，了解自己哪裡不擅長能讓心情更穩定，能夠冷靜地應對，對吧？

不過就如同一開始提到的注意事項，如果沒有穩定的精神狀態和對成長的渴望，就難以實行這個方法，所以對於這種人來說，選擇保持距離會比較妥當，以免應付不來的人造成壓力。

正確的消除壓力方法

13

常見的壓力消除方法

不期待他人

更好的壓力消除方法

改變期待的方式

「不要期待他人。」

這是最近經常耳聞的人際關係建議之一。

簡而言之，意思是「對別人的期待越大，打擊相對地也會更大」，以及「人類憤怒或悲傷的情緒是由無意識的期待所引發的」。

確實，當我們試著追根究柢世上發生的事時，能發現情緒往往會被期待牽著鼻子走。例如，對遲到的人會感到生氣，是因為期待對方會準時到達；對戀人冷淡的感到悲傷，是因為無意識地期待對方的溫柔。

如果沒有這些期待作為前提，即便遇到突發狀況，也會多少減緩一些打擊。

那麼，是否最好完全不抱有期待地生活呢？這又是另一個疑問。

或許，如果期待從這世上消失，確實會減少令人錯愕的事情或是因此而生的悲傷。

然而相對地，那些興奮的心情或高興的事情也會不見。因此，我們不該停止期待，而是該改變期待的方式。

懷抱期待時，重要的不是想著對方該這樣做或是希望事情該是怎樣，而是要對自己說「我希望能變成這樣」。期待不該是針對對方，而是要針對自己的期望。

例如，假設你支持某位運動選手，並期待他能表現出色，然而當他在比賽時沒有好好發揮時，如果你會將矛頭指向那位選手的話，這就是對對方抱有期待的表現；另一方面，如果你是以自身為中心思考的話，則期待會被看作是自己的預想，所以即便那位選手未能表現出色，你也只會覺得是「自己的期望落空了」。

在奧運或世界杯中，常有人會因為日本選手沒有獲得理想成績而對其批評和誹謗中傷，這正是對對方抱有期待的表現。

如果是將期待視作自己的預想，那就不會責難他人，而是會認為是自己的問題。請注意，這與「完全不抱有期待」是不同的，因此抱有期待也是沒有問題的。但是，當期待落空時，責備對方是錯誤的行為。

抱有期待是自己的問題，即便對方未能符合期待，再怎麼說都只是自己的事，只要修正下次的預想即可。

透過不斷重複調整預想後，就會了解比較恰當的預想範圍是什麼，也會減少受到衝擊的情況。

期待也許可以說是一種障礙，如果障礙太高，就難以跨越；但如果太低，即便跨過也不會覺得感動。設定恰當的障礙高度，剛剛好跨越過時才會帶來喜悅。障礙的高度因人而異，所以設定障礙高度是自身的問題，絕對不是對方的問題。

這樣一想，你就會意識到「重要的並不是不抱有期待」。

正確的消除壓力方法

14

常見的壓力消除方法

怪罪他人

更好的壓力消除方法

怪罪給時機和運氣

在精神科中，會使用「他責的」與「自責的」這兩個相對應的術語，「他責的」的意思是責怪他人，指的是發生事情時傾向於歸咎他人；「自責的」的意思則是責怪自己，指的是發生事情時傾向於指責自己。

精神疾病相關研究指出，越自責越會導致罹患憂鬱症或焦慮症等等精神疾病的風險增高。確實，在工作中犯錯時，如果不斷自責：「唉，我怎麼這麼沒用……」、「都是因為自己的錯才會讓事情變成這樣」，則情緒會容易低落，無法產生自我肯定感。

因此，在對憂鬱症患者進行診療時，我都會指導他們：「不要自責」。

那麼，容易自責的人為了減輕自身的精神負擔，改將責任歸咎他人就會比較好嗎？

如果變成他責，當工作上再次發生同樣的錯時，你可能就會這樣想：「都是上司沒有好好教我的錯」、「我只是按照吩咐行事，並沒有責任」等等……，這似乎也不是理想的反應。

從這個例子可以得知，他責的人面對問題時不會怪罪自身，而是歸咎於他人，因此即便在工作上犯錯，也不會反省，無法促進自我成長。

此外，他責的人時常會在群體中引起問題，「認為自己沒錯，都是某某某的錯」，大家是否有過對這種常常怪罪周遭的人感到棘手的經驗呢？

總而言之，當意料之外的問題產生時，應該採取的思維既不是自責，也不是他責，而是第三種方式，那就是怪罪於運氣與時機，而非歸咎給他人。

雖然這種思考方式在精神科沒有被正式被命名，但這種思維既不會讓自己因自責而情緒低落，也不用去追查引發問題的始作俑者。

不怪罪於自身或他人，而是將原因轉嫁到無法控制的事物上，例如時機或運氣。如此一來，可以避免成為任何人的負擔或是引發問題。

然而，當錯誤或問題明顯是由自己所引起時，那就該好好反省自身的錯誤。不該自責，但自省是一件好事。

責備自己只會讓自己陷入低潮，但透過省視自身並建立對策，以避免重蹈覆轍同樣錯誤，則能促進自我成長。

讓我們理解自責與自省的差別，並且正向積極地不斷反省自身吧！

正確的消除壓力方法

15

常見的壓力消除方法

輕描淡寫地迴避討厭的事

更好的壓力消除方法

拿出說「不」的勇氣

生活中，總會經歷令人厭惡或震驚的事情。

如果這些是偶發事件，或是由於認知上的差異而產生，那我們可能會認為這是無可奈何的事，但其中也存在著故意欺負我們的人。

如果惡作劇程度的事就只發生那麼一次的話，我們也許不會那麼在意，很快就會忘記。然而，如果這種情況一再重複發生，或者對方完全不覺得自己不對時，我們肯定會覺得困擾吧。

這種情況若是發生在公司或學校，向上司或朋友尋求建議時，可能多半會得到這種回覆：「別太在意比較好」、「輕描淡寫地帶過就好」。

但是聽到這種回答時，你能夠心甘情願地認為「確實是如此」嗎？

難道不會覺得自己「明明是因為在意才來尋求建議」，但反而更加悶悶不樂了嗎？

因此，不論對方的行為是否有意的，只要你一而再、再而三地感到不愉快，那麼比起一笑置之，更需要的是從自己口中堅定說出「不」的勇氣。

例如，上司不斷進行言語性騷擾，起初可能不太在意，但隨著事情反覆發生，厭惡感會變得更加強烈，這種案例經常發生。

這可能是因為上司誤以為「這種程度的發言，他也沒有說什麼」，導致言語性騷擾習慣化。

也就是說，如果不在某個階段說出「不」，上司的言論就不會改善，甚至在某些情況下可能危險性會增加。確實，你也許會抗拒直接和上司表明，但是在這種情況下，對方自己發覺問題的可能性十分地低。

不要當作玩笑話一笑置之，而是從自己的口中誠實地表明「我不喜歡被這樣講，請停止這個行為」，這才是最正確的應對方法。

如果還是很難從自己的口中直接表達，就去向同公司內能夠信任的人尋求建議吧。

向那個人堅定地傳達自己厭惡的感受，確保不會被對方誤解，並清楚地表達希望他為你做些什麼吧。有時候若講得太含糊，可能會被對方帶過，所以明確地傳達很重要。如果對方真心站在自己這邊，那麼他應該會同情你不愉快的感受，並且為你擬定對策。

然而，如果即便自己已經直接表明，但當事人仍然沒有改變，或是即便已向可信賴的人尋求建議，但狀況仍無改善，就可以認為問題存在於對方或是週遭環境。

與其待在同個地方一直被不快的心情所影響，不如以自己內心的健康為優先，並離開那種環境，長遠來看這才是有益的選擇。

因此，如果討厭的事持續發生，請時常牢記你有「離開」這個選擇。

正確的消除壓力方法

16

常見的壓力消除方法

面對煩惱

更好的壓力消除方法

要區分成「課題」與「無法解決的事」

煩惱永無止盡。

健康、人際關係、工作、金錢、人生……，每個人都有各式各樣的煩惱，至今從未感到煩惱的人應該不存在吧。

煩惱本身當然不是壞事，但根據煩惱方式的不同，會對心理產生正面或負面的影響。

因此，當煩惱產生時，首先要思考的是，這份煩惱是源自於自身還是他人。

源自於自身的煩惱指的是與自身相關的問題，例如變胖了、不知道想做什麼工作，或是因為沒有存款而感到不安等等；另一方面，源自於他人的煩惱指的則是由他人所帶來的煩惱，像是因為被上司職權騷擾而痛苦、和戀人的關係不佳、和客戶發生糾紛等等。換句話說，前者是人際關係以外的煩惱，後者則是有關人際關係的煩惱。

如果你目前抱有的煩惱源自於自身，大多時候可以靠自己的行為來改善狀況：因為太胖而煩惱時，可以靠控制飲食來解決；而工作和金錢的問題，則可以透過換工作或做副業來改善情況。

人際關係的煩惱大多無法光靠自己的努力改善。有時候再怎麼努力，喜歡的人仍然不會理會你；或是即便向周遭的人尋求建議，但來自上司的職權騷擾仍沒有改善。

當煩惱產生時，重要的是思考能否靠自己的行為改善狀況。當然，有些源自他人的煩惱能靠自己的行為解決，但也有一些源自自身的煩惱無法因此解決。改變對待他人的方式可能可以改善人際關係，但也有可能會感到無能為力並罹患疾病。

針對能夠解決的煩惱，讓我們想想看自己能做些什麼吧。這樣煩惱就會成為當下的「課題」，我們只要採取行動來解決它就好。

另一方面，如果是無法解決的煩惱，一直思考下去也不會想出解法，反而會浪費掉用來煩惱的時間。請早點放下煩惱，想想能否轉變思維吧。如果無論多努力對方也沒有回應，那就乾脆地放棄；如果職場環境總是沒有改善，那就考慮換工作。

習慣性煩惱的人

請試著把煩惱視作課題，或是切換思考吧。如此一來就能減少煩惱，並且看清該做的事是什麼。

正確的消除壓力方法

17

常見的壓力消除方法

試著改變自己

更好的壓力消除方法

改變行動或環境

內向、缺乏自信、思考消極、怕生……，應該有不少人無法喜歡這樣的自己，並且想要改變自我。

對於這些人，我們常常會看到這種建議：「與生俱來的個性無法輕易改變，所以重要的是接受它」、「缺點也可能會變成優點，倒不如想想要怎麼活用它們」。這些建議的意思是，即便你很內向或思考消極，但只要改變看待方式，就會發現自己行事謹慎、做事細心等等優點，因此沒有必要勉強改變。

透過改變看待事物的框架，從不同觀點出發，將它們當作優點或優勢來接受，這種思考方式在心理學上稱為「重新架構」。重新架構確實多半有助於處理煩惱，我自己也會向病患們提出這種建議。

然而，還是會有無法順利重新架構，或是本人認真想改變自身性格的時候。這種時候該怎麼做才好呢？

首先，改變個性不是一件易事。參加同學會就會發現，大多數人的本性與特質和年幼時根本沒有什麼差別。

但是這並不代表沒有方法能改變個性。**要改變性格，最重要的是改變行為和環境。**

另外還有兩個重點，分別是安排課題，以及盡量與自己理想性格的人相處。

安排課題指的是為了改變個性，要先找出必須採取的行動，並且一股腦反覆練習讓身體習慣。例如，對於想要改掉怕生性格的人來說，可以設定「主動和初次見面的人搭話」這種課題。當然，光是只有這麼一次主動和初次見面的搭話，並不能改掉怕生的性格，但如果重複五次或十次呢？你可能就能慢慢縮短搭話前的前置時間，漸漸變得不緊張，最終能夠毫無猶豫地開啟話題。到了這個地步，就算是克服了怕生。

光是想著「要改掉怕生的個性」是絕對無法成功克服的，但透過不斷重複具體的行為並習慣它，你就能切實感受到變化。

另一個重點是，與自己理想性格的人待在一起。人們會受到周遭環境很大的影響。即便每個人與生俱來的性格不同，但也常見到一個人受到周遭環境影響，進而改變了個性和行為的例子。例如，原本個性聽話的人，在與一幫素行不良的群體交往後，開始從事一些壞勾當；本來很討厭念書的人，因為周圍充斥著認真學習的人，所以養成了念書的習慣；原本很愛玩的人，擁有家庭後卻穩重到令人驚訝的地步等等。

人格的塑形通常被認為是在幼年時期，但比起學生時代，出社會以後反而更容易靠自身打造周圍的環境，因此即便長大成人，仍有改變性格的機會。尤其隨著現今社群網站和網路的發展，更容易尋找社群並與其建立連結。讓我們運用這些工具，盡量讓自己置身於周遭有著理想性格的人的環境中吧。

你聽過「一起度過最長時間的五個朋友平均起來，就是你自己」的說法嗎？

周圍環境帶來的影響就是如此之大。想要改變自我的人請記住，僅僅抱持希望是不夠的，要認真改變行為和環境才有可能實現。

第 4 章

正確的消除壓力方法

行動篇

正確的消除壓力方法

18

常見的壓力消除方法

和各種人接觸

更好的壓力消除方法

從親近的人身邊開始認識起

人類是社會性動物，無法在不與他人接觸的情況下生存。

在現今提倡多樣性的社會中，盡可能和越多人接觸十分重要。如果只接觸特定的人，視野會變得狹隘，能得知嶄新想法的機會也會減少。

透過與各式各樣的人見面可以拓展視野，同時也能提高溝通能力。因此，我也會建議病患們不要只限於特定群體，而是要多見見不同的人。

然而，話雖如此，我並不推薦和任何人都來往。因為世上真的存在著形形色色的人們，所以有些人可能會給自己帶來負面的影響。

雖然基本上我相信人性本善的說法，但其中仍然存在著故意攻擊我們、或是灌輸我們負面價值觀的人。如果與太多人來往，遇到這類人的風險也就不可避免地會增加。

偶爾會有一些人想要擴展人脈或是社交圈，興致勃勃地參加各種神秘的交流會或研討會，但被可疑人士欺騙或是被捲入不正當買賣的事情也時有所聞。

為了擴展社交圈，重要的是擴大與自己信任的人周圍的聯繫。

要加入一群完全不認識的人群需要相當的勇氣，但如果是加入信任的人的周圍人群，門檻可能會稍微降低。

基本上，每個人都容易和自己興趣相投或聊得來的人好上，因此必定會有和自己具備相似特徵的人聚集在身邊。如果周遭的人值得信任，透過他們認識的人多半也值得信任，並能在那些人身上找到和自己的共通點。

即便那些人和自己合不來，覺得好像有點難以應付，你自然會減少與其接觸的次數，也不會建立起深厚的關係。

如此一來，只要在其他方面建立出交流關係，便能拓展人脈，也能避開和那些帶來負面影響的人們交流。

社交的重點在於不要過於狹隘地限制交往關係，並且盡量不接觸那些會帶來負面影響的人。當然還是會有無法閃避的人際關係問題，例如被你原本信任的人背叛，或是後來才發現那個人和你對他的第一印象完全不同等等

這種時候不要只是陷入沮喪或是自責，而是要反省自己沒有識人的眼光，並且將這次的經驗運用到下次建立人際關係的過程中。

正確的消除壓力方法

19

常見的壓力消除方法

把心情寫下來

更好的壓力消除方法

心情和想法要一併寫下來

穩定心理狀態的其中一個方法是「寫下自己的心情」。

當遇到討厭或生氣的事時，不要情緒化地結束，而是要把心情寫下來，如此確實能幫助穩定情緒，因為這個動作能使我們客觀地看待情緒。

悲傷和憤怒的情感與大腦的邊緣系統有關，藉由寫下來的動作，切換到大腦的前額葉，便能客觀俯瞰情緒。

然而，寫下心情時，如果只是隨便寫寫就結束的話就太可惜了。例如，遇到討厭的事情後，如果僅僅只是將心情寫下，那就無異於「無人傾聽的抱怨」。

要讓心情穩定下來，有更有效果的方法。

那就是在寫下心情時，連帶一起寫下導致這種情緒的「想法」，也就是「為什麼會這樣感受」。

舉個例子，假設你被朋友挖苦而憤怒，這時不要只是寫下自己的憤怒，也要回顧當下的思考，並寫出「為什麼會感到生氣」，例如：「不喜歡他的說法」或是「因為他說了不必要的話」等等。

寫下思考的過程之所以重要，是因為雖然心情和情緒是一瞬間的，但只要釐清理由，就能使自己退後一步，客觀地看待發生的事件。

結束這個過程後，重新想想看當時感到憤怒的事，就能反思自己「並不需要那麼憤怒」或是「沒必要毫不掩飾地擺出厭惡的表情」等等。

如果放著「生氣」的情緒不管，那麼就只會留下生氣的回憶，但透過思考的過程，事情就會變得「不值得如此生氣」。

請大家回想一下最近發生的令人煩躁或感到疙瘩的事。試著思考導致這種情緒的理由後，看法是否會稍微有些轉變呢？

如果持續執行這個方法，你會對以前會反射性感到氣憤的事情產生耐性，不會因為芝麻小事而感到憤怒。也就是說，你會變得比較不容易累積壓力。

當然這不只適用於憤怒，還能幫助緩和悲傷或不安等等負面情緒。因此，當發生事情讓你的情緒變得消極時，請稍微休息後再回想這件事，同時寫下當時的心情及導致這種情緒產生的想法。

過一段時間後回顧寫下的筆記時，如果能意識到「自己居然會因為這種事變得情緒化」，那這就是你的心智有所成長的證明。

請大家務必在意識到「情緒」和「想法」的情況下，實踐看看這個方法吧！

正確的消除壓力方法

20

常見的壓力消除方法

找人商量

更好的壓力消除方法

和能信賴的人商量

就像前面提到「可以適度抱怨」（請參閱第八十六頁），與他人傾訴是一種有效排解壓力的方法。向別人傾訴有助於舒緩自身的情緒，也能幫助整理思緒。

然而，各位需要注意如何挑選商量的對象。

接受過心理諮商的人們應該知道，諮商師基本上不會打斷或否定對方說的話，直到對方稍微喘口氣為止都會持續聆聽。然後諮商師會再針對想深究的點提出一些問題，例如：「為什麼會有這種感受呢？」、「為什麼會這樣想呢？」等等問題來幫助對方整理思緒。

此外，基本上諮商過程時，只有在本人希望的情況下，諮商師才會提供建議。無論如何，都請各位將諮商師的工作想成是在幫助本人做決定。

能夠與諮商師這種擅長傾聽的專家對話當然最好，但日常生活中人們通常會向身旁的朋友或家人尋求建議。

雖然不是每個人都能像諮商師一樣擅長聆聽，但傾訴還是有緩和情緒及整理思緒的好處。然而，如果選錯了傾訴對象，則可能會受到負面的影響。

請特別留意這幾種人：會打斷對話、否定對方情感、給予主觀建議或妄下定論的人。

會打斷別人說話的人通常喜歡在對方說話時插話，尤其喜歡談論自身。這種人本來就不適合傾聽，所以我不建議選擇這種人當作商量的對象。

此外，也要注意會否定他人情感的人。發生事情時自己會有什麼感受都是主觀的感覺，並不是人們能說三道四的事。然而，卻有人會說「這件事並不需要這麼震驚」等等話語來否定你的情感。

與這種人對話時，別說是緩和情緒了，甚至還會感覺受到責備，因此請避免向這種人尋求建議。

提供主觀意見的人也是一樣，沒有站在對方立場給出的建議既不符合現實，也難以實行。

妄下定論的人和給予主觀意見的人類似，都是無法從廣闊視角來看待事物的人。他們通常屬於固執己見，或是不願意改變自己意見的類型，因此發話的那一方有可能會感到疲憊。

重點是對方能否尊重「我們想要怎麼做」。

即便是親近的朋友或家人，也不一定適合與其商量。我們應該冷靜地判斷對方是否適合當作商量的對象。

懂得如何判斷後，當壓力積累時，你會自然而然地想到要找那個人聊聊，並且能養成在將壓力往肚裡吞之前、找個人傾訴的習慣。

正確的消除壓力方法

21

常見的壓力消除方法

能睡多久就睡多久

更好的壓力消除方法

重視睡眠品質與規律

各位喜歡睡覺嗎？我非常喜歡。

我有時候會想，如果能在寬大又溫暖的床上，不必在意時間悠閒地睡一覺，那會是多麼幸福的一件事。

然而，在現實中卻難以實現。

工作和私事纏身，回過神來已經夜深了，明天還得早起上班。好不容易進到被窩，但今天白天犯的錯卻始終揮之不去，難以入睡。

因為失眠而無法專心工作，但總算熬過一個禮拜的工作，明天就是期待已久的週末了，但因為沒有特別的計畫，打算能睡多久就要睡多久！我心裡這麼想著，鼓起勁來睡覺，起床以後已經是下午四點。外頭已經稍微暗下來了，肚子餓了但家裡沒有備用食材，出去買東西也覺得麻煩。唉，明天又得上班了啊！怎麼辦，因為睡太多現在完全睡不著……這種日子就這樣持續下去。

各位有過這種經驗嗎？是的，我有過。

睡眠具備提升免疫功能、穩定情緒、整理記憶及改善疲勞等等多種效果，再怎麼強調睡眠的重要性也不為過。

雖說如此，我們不該像前面描述的那樣，一擁有能睡覺的時間就睡個夠。

睡眠的重要性在於品質和規律，品質就無須贅述了，比起長時間淺眠，時間短暫但能獲得充足的深度睡眠更為重要。

基本上，能獲得深度睡眠的平均睡眠時間被認為是七到八個小時，因此各位可以以此為基準，再根據自身體質增減睡眠時間。

睡眠時間太長或太短，都會對身體產生負面作用，因此在能睡覺的時候睡越多幾乎沒有什麼益處。再者，人類的身體功能中並無法「儲存睡眠」，因此請各位明白，即便一天中睡得再多，對於改善累積疲勞的效果仍十分微弱。

要能好好排解每日疲勞，維持睡眠規律十分重要。雖然理想情況是能在同樣時間入睡及起床，但由於工作和私事的關係，我認為應該很難一直維持同樣的睡眠時間，因此請盡量保持至少在固定的時間起床吧。

即便晚睡也要在同一時間起床，隔天再盡量早點入睡。理想情況下，希望盡量能在一、兩天之內調整睡眠的規律。

儘管了解這一點，但也有可能難以實行，然而如果能認真實踐並確保安穩的睡眠，平時的心情和白天的表現一定會有所改變。睡眠不足的日子除了會造成我們工作效率不佳，還會讓人比平時更加煩躁，心無餘裕。睡眠的影響就是如此之大。

如果是會在週末「儲存睡眠」的人，不妨在一週左右的時間內，意識著睡眠的品質和規律並生活看看吧。

正確的消除壓力方法

22

常見的壓力消除方法

壓力有多大，就喝多少酒

更好的壓力消除方法

快樂時才喝酒

我們很常會在動畫或戲劇中見到這種場景：「好！今天也努力工作了，去喝一杯吧！」

實際上，你們之中可能也有人會為了排解壓力而大量飲酒。喝了酒以後腦袋確實會變得輕飄飄的，能忘記討厭的事，或是睡得更好、很快就能睡著，所以看起來對排解壓力很有效。

其實「喝酒」作為排解壓力的方法來說，存在著許多負面作用。

如果喝到酩酊大醉，思考和判斷力會變得遲鈍，乍看之下好像能夠忘記惱人的事，但再怎麼說這都只是暫時的。一旦酒醒後重新面對現實，反而會格外感到沮喪。

醉酒時只是感官變得遲鈍，但並不會失去原本的情感。

正因如此，危險的是以為「只要喝酒就能忘記一切」，並盡可能地不停攝取酒精。

這樣一來會直接陷入酒精成癮。尤其是那些有獨自喝酒的習慣、遇到討厭的事時會增加飲酒量的人需要特別注意。

為了緩解負面情緒而飲酒容易導致成癮，而且一個人喝酒時，沒有人能夠提醒我們注意飲酒量，便會在不知不覺中喝多了。

我們應該將酒當作為了更享受愉快的事而使用的工具。不過，如果為了享受而過量飲酒，仍會引起宿醉或身體疾病。

本來愉快地度過了一晚，中途卻斷片失態，宿醉太嚴重導致什麼事都不想做的話，這樣就是本末倒置了。

大量飲酒也有可能導致胰腺炎或急性酒精中毒，因此飲酒還是適量就好。

\Cheers!/

正確的消除壓力方法

23

常見的壓力消除方法

在社群網站上吐露心聲

更好的壓力消除方法

難過時要遠離社群網站

如今，社群網站已成為不可或缺的存在。我想應該有很多人即便自己不發表內容，也會使用社群網站來搜尋資訊，或是關注喜歡的網紅等等。

隨著社群網站普及的同時，與社群網站相關的問題和糾紛也越來越常見。不過，因為我自己也會使用社群網站進行活動，所以我知道只要能適當地使用社群網站，就能獲得很多益處。

當然，社群網站也能作為一種有效的壓力排解方法。透過善用社群網站，有幾種方法對精神狀態能產生正面作用。

例如，參考可信賴的精神科醫師或心理學家提供的有用資訊、觀看療癒的動物圖片、閱讀能穩定情緒的文章、觀看影片並進行冥想等等，這些都能幫助安定心緒。

另一方面，請各位需要留意自己發表的內容。

透過從自己發表內容的行為，可以遇見擁有同樣煩惱的人們，或是能獲得支持的訊息等等好處。然而，**請先理解，社群網站的使用者是不特定多數人，所以並不一定能獲得自己期望的反應**。

當你感到痛苦並在社群網站上吐露心聲時，如果很多人能釋出善意接納那當然好，但其中也會有故意要中傷你的人存在。

最近對辱罵、誹謗或中傷言論的抨擊變得更加強烈，即便對方沒有傷害你的意圖，你可能也會因為目睹這些傷人的發言，或是發生意料之外的事而受到打擊。

即使對方沒有惡意，但自己仍受到傷害的情況並不只限於社群網站。

尤其是當自己心情低落時，只要一點小事就容易受傷，或是有容易想太多的傾向。因此，你可能會無法按照字面理解他人的話語，看到正向的發言便會和自己比較，反而陷入沮喪。

如果有這種傾向，那麼沮喪時請盡量避免觀看社群網站，尤其要避免自己發表內容，如此能減低心情低落的風險。

當精神狀況低落時，不要勉強挑戰及改變，重要的是選擇不會對自己造成負擔的方法，例如稍微轉換心情，或是找信任的人談談等等，讓我們做一些較不會讓自己變得比現在更負面的事情吧！

請記住只在心情穩定時才使用社群網站，這樣就不會被不必要的各種資訊或發表內容影響。

正確的消除壓力方法

24

常見的壓力消除方法

藉由購物排解壓力

更好的壓力消除方法

把購物當成是獎勵

各位喜歡購物嗎？

當購買到自己想要的物品時，興高采烈地回家後，會迫不及待地想使用買來的東西，對吧？購物讓人興奮的原因和腦內機制有關。

簡單來說，購物就是獲得自己想要的東西的行為。當人們得到想要的事物時，腦內會分泌一種稱為多巴胺的神經傳導物質，使人暫時感到亢奮。因此，科學證實購物會讓人雀躍及興奮。

然而，這種亢奮感不過是暫時的，無法持續太久，所以即便打算透過購物來排解壓力，效果也很快就會消失。我想大家應該也有遇到討厭的事情而衝動購物的經驗，但衝動購物的行為會帶來偌大的負面影響。

我們常常耳聞這種情況：人們之後回想起來會後悔自己為什麼買了那種東西，或是花費超過預算，導致生活費不足等等。

考慮到這些風險，除非是金錢上相當有餘裕的人，不然最好還是不要將購物當作壓力排解方法使用。

不過，如果能避免衝動購物，仍能將購物有效活用為一種壓力排解法，重點就是要將購物當成給自己的獎勵。

例如，「如果今天努力工作了，回去的路上就買個冰淇淋再回家吧！」或是「如果通過了資格考，就買一個想要的包包當作獎勵吧！」等等。

為了達成目標需要有動力，而為了維持動力，報酬是必要的。要是動力能自然而然湧現當然最好，但在大多數情況下，都需要有某種形式的報酬才容易維持動力。

各位經常會準備獎勵給自己嗎？

綜上所述，這種為了獲得外部報酬而生的動力被稱為「外在動機」。透過巧妙地給予自己外在動機，能讓自己更容易達成目標。

雖然也有研究指出，如果是由他人所提供的外在動機，人們則會以報酬為目的而行動，所以效果比較薄弱，但如果是自己提供獎勵給自己，則不會有這個疑慮。

此外，若事先想好達成目標時要買的東西，就能避免過度花費的風險，也不會產生後悔。

像這樣好好運用購物的效果，就能成功排解壓力及提升動力。

但需要注意的是，假設給予獎勵的門檻過低，則既無法維持動力，得到的效果也會減低。讓我們試著找尋適當的達成目標高度，以及與其相符的報酬之間的平衡吧。

正確的消除壓力方法

25

常見的壓力消除方法

透過激烈運動排解壓力

更好的壓力消除方法

習慣「適度的運動」

人人都知道運動的重要性。

運動是減輕壓力的有效方法之一，運動時會釋放內啡肽和血清素等等神經傳導物質，讓身心靈放鬆下來。

再者，還有資料顯示，定期運動的人們幸福感較高，以及研究指出，運動能提高思考力、記憶力及專注力。此外，適當的運動能幫助入睡，因此可以說運動對穩定心情十分重要。

然而，過度運動可能會導致受傷或引起疲勞，反而使得壓力增加。

只要運動就會有受傷或疲倦積累的風險，但如果是一般普通的社會人士或學生因運動而受傷或累積疲勞，日常生活就會產生很大的障礙，也會變得難以通勤或上學。如果變得無法像以前一樣好好工作，那就是本末倒置了。

除此之外，雖然適度運動有助於睡眠，但如果睡前運動過度，會導致交感神經活躍，使身體處於興奮狀態，反而會造成失眠。

而且，如果過度運動給身體帶來過重的負擔，可能會導致體內的壓力賀爾蒙——皮質醇（請參閱第二十頁）增加分泌，一旦皮質醇過度分泌，會使得壓力進一步惡化。

因此，如果要養成運動習慣，重點是要注意「適度運動」，並在運動後充分休息。

雖然適度運動因人而異，但一般會推薦大家每週進行一百五十分鐘左右的輕度至中等強度的有氧運動，例如步行、慢跑、騎自行車或游泳等等都屬於這一類運動。另外，瑜伽或伸展等等放鬆運動也有助於減輕壓力。

運動不僅能消解壓力，對身心靈健康也有正面影響。不過，運動也具有給身體加諸負擔的風險，所以維持適度並正確進行運動至關重要。

為了排解壓力而突然去健身房進行高強度訓練，反而會感到疲憊並產生額外的壓力。

如果將「適度運動」定為每週一百五十分鐘，每天做的話大約一次二十分鐘，或是兩天做一次的話大約一次三十到四十分鐘左右。

像這樣應該就能輕鬆地開始運動了。首先將養成運動習慣當作目標，習慣後再慢慢提升到做得到的程度吧。

正確的消除壓力方法

26

常見的壓力消除方法

吃甜食

更好的壓力消除方法

抱持著「不後悔」的態度去吃

努力完成長時間的作業或工作後，我們總是會想要吃甜食，對吧？

這種現象可以從腦內的機制來說明。

當陷入不安、焦躁或緊張等等所謂的壓力狀態時，腦內會釋放出一種稱為內啡肽的神經傳導物質來緩解壓力。據說當我們同時攝取糖分和脂肪時，會造成內啡肽分泌量增加，所以我們會想吃蛋糕或巧克力這類含有大量醣類和脂質的食物。

尤其醣類是能直接成為大腦的能量來源，所以在腦袋進行長時間作業的疲倦時刻，我們會特別想吃甜食。此外，吃甜食也能增加血清素的分泌量，因此當壓力積累時，我們會本能地想吃甜點。

如果只是在下午三點工作疲倦的時候，吃些甜點當作零食是沒有問題的，但是如果攝取量過多或是養成習慣，就可能會帶來負面影響。

負面影響之一是產生罪惡感。

許多人會在意體型及卡路里攝取量，特別是女性，吃太多甜食後回想起來會感到沮喪。

明明難得吃到了美味的甜點，卻會後悔地責備自己又吃了甜食。

再者，攝取過多醣類會導致血糖值迅速上升，隨後一種稱為胰島素的賀爾蒙會分泌來降低血糖。這時如果血糖不能保持在正常範圍內，體內會分泌正腎上腺素再次提升血糖值。

正腎上腺素不只具有升高血糖的作用，還會提升血壓及心率，同時也會增加緊張感。換句話說，明明是特意為了緩解壓力而攝取醣類，反而卻成為形成壓力的原因。

這和購物是同樣的道理，過度攝取醣類的行為雖能暫時排解壓力，但長遠來看反而會增加壓力。因此，我並不建議採用攝取過多醣類的行為來當作排解壓力的方法。

攝取甜食時，最好控制在不會後悔且適量的程度。

如果無論如何都忍耐不了的話，那就下定決心今天要不顧一切地吃，並且好好享受吧。

即便是正在控制飲食的運動員或是正在減肥的人，也會設定「作弊日」，也就是「可以吃喜歡的食物的日子」。如果你決定像這樣不帶有罪惡感地攝取食物，那麼設定作弊日也是可以的。

正確的消除壓力方法

27

常見的壓力消除方法

投入於興趣

更好的壓力消除方法

投入不會產生依賴的事

我們前面提到了，當遇到討厭的事情或是壓力積累時，不要被情緒拖垮，而是要將注意力轉移到其他事情上。

但是，這不代表可以隨心所欲地做喜歡的事情。

「其他事情」的例子包含散步或冥想等等，那除了這些之外的其他行為呢？我想各位應該也覺得大量飲酒、暴飲暴食、發洩情緒在人事物上等等行為並不恰當。

那麼，各位平常投入的事情又如何呢？例如，一股腦地沈迷遊戲、一直在手機上看社群網站、不停看漫畫等等，諸如此類的行為可能會給人一種稍微處於灰色地帶的印象。

要判斷一種方法是否適合當作壓力排解方法的重點有兩個，第一：是否具有依賴性，第二：對日常生活的影響有多大。

大家應該很容易理解，酒、食物或戀愛等等事物容易導致「依賴症」，而且也能想像得到這些事會對心理帶來負面影響，但另一方面，某些興趣及娛樂則較難以判斷。

例如，各位應該有聽說過剛剛提到的遊戲和社群網站具有依賴性，但應該很少聽說過漫畫有依賴性吧？

判斷依賴性高低的重點是「是否牽涉到人際互動」及「是否看得到盡頭」。以遊戲來說，對線上遊戲上癮的人遠比單機遊戲來得多。

因為其中與人互動及合作的機制會在人們期待著報酬並行動時，影響活躍的神經系統（犒賞系統），促進多巴胺的分泌。同樣地，社群網站上癮也和人際互動有關。

此外，線上遊戲和社群網站多半看不到盡頭，當重複使用的次數增加，就形成了容易上癮的機制。

另一方面，漫畫和動畫等等既有著結局，且由於內容不會改變，所以就算重複閱讀或觀看也有其極限。因此，即便存在著狂熱的動漫迷，也不太會聽到他們上癮到無法自拔的案例。

另一個判斷是否適合當作壓力排解方法的重點是，對日常生活的影響度。

如果為了消解壓力而使用的手段對日常生活造成負面影響，那就是本末倒置了，所以重點是要選擇不會對日常生活造成影響的方法。

就像過度激烈運動而受傷、過度購物而花光生活費等等前面所提及的例子一樣，讓我們注意不要為了暫時排解壓力而威脅到日常生活吧。

散步經常被推薦用來消除壓力，因為散步可以輕鬆開始，受傷或成癮的風險也低，而且對身心靈幾乎不會造成負面影響，會受到推薦不是沒有原因的。

當然，除了散步之外，如果能找到可以輕鬆開始、又不會有負面影響的另一種方法，那麼試著將其納入用來轉換心情的例行公事中也是一個不錯的選擇。

正確的消除壓力方法

28

常見的壓力消除方法

去旅行

更好的壓力消除方法

能像平常一樣享受時才去旅行

我想應該有許多人喜歡旅遊。我也很喜歡旅行，喜歡到一有連假就會想去某地旅行。

不論是在國內或國外，旅行具有各種優點，能接觸到新文化、提振心情，也能獲得非日常的刺激等等。實際上，已經有與旅行和心理狀態相關的研究指出，旅行能減少壓力賀爾蒙，也具有預防失智症的效果。

喜歡旅行的人請繼續像以往一樣、無所顧忌地享受旅遊。

然而，**旅行時有一點需要注意：嚴重憂鬱時不要去旅遊**。

如果只是稍微心情低落或是想要忘記討厭的事，那就沒有問題，但假設憂鬱的狀態已經嚴重到需要去醫院接受診斷的程度，那就請避免旅行吧。

精神醫學界裡有一個有名的說法：嚴重憂鬱時禁止旅行等等散心活動。

理由有兩個，第一個理由單純是因為這種行為會給身心靈帶來負擔。當嚴重憂鬱時，本來就會因為提不起勁，讓我們連外出都困難。我們不難想像，在這種狀況下，去平常不會去的地方或是在當地思考要做的事情，這些事都會造成精神上的負擔。

第二個理由是，意識到自己比起平時更難以享受時，心情會進一步低落。無法做到平時能做到的事，這對精神帶來的打擊超乎我們想像。處於憂鬱狀態時，我們做不到的事會變多，做不了家事、出不了門、見不了其他人等等，同樣地，我們也無法「享受」。

無法如願好好享受本來應該能帶來快樂的事時，我們會更加責備自己，心情會變得沮喪。

各位是否有過在煩惱某件事時，無法享受眼前的事，進而感到沮喪的經驗呢？

由於這樣會導致病情惡化，所以基本上處於憂鬱狀態時應該要休養，並且慢慢增加做得到的事。

有些人可能會認為「嚴重憂鬱時本來就不會想去旅行吧？」但前述的討論並不只適用於自己決定要去的旅行。

人們處於憂鬱狀態時，通常會無精打采、容易鬱悶，因此周圍的朋友或家人經常會「出於善意」帶他們去旅行。雖然邀請的人並無惡意，但這有可能會讓狀況進一步惡化，所以請大家記住這一點：憂鬱時要避免散心。

如果沒有到醫院就診，就很難判斷自己只是暫時的心情低落或是處於憂鬱狀態。這種時候，各位可以根據自己在做平常能享受的消遣時，是否能感到快樂來進行判斷。如果感覺不到效果，那就請暫時停下來休息。

請仔細傾聽自己的感受，避免自己在感到不對勁的狀況下繼續進行，回過神來才發現身心靈已經格外疲憊。

正確的消除壓力方法

29

常見的壓力消除方法

開始新事物

更好的壓力消除方法

考慮到自我特質後再決定

我們經常會聽到這個說法：「開始新事物很好，可以轉換心情，讓我們成長」，然而如果將此作為排解壓力的方法，則非常難以判斷好壞。開始新事物有利有弊，還是會有「不適合的人」存在，所以我無法無條件推薦給任何人。

請在理解各個優缺點的情況下，再判斷是否適合自己吧。

首先，讓我們來談談開始新事物的優點。

開始新事物最大的好處是會接觸到新的刺激，增加知識及增進技能。

例如，當你想要開始嘗試一項至今從未試過的運動時，這種時候會經歷以下階段：最一開始需要學習運動的規則，並透過書籍或 YouTube 學習運動如何進行，再實際動身實踐，熟悉後就可以參加對決或比賽等等。

光是在這個過程中就充滿了許多需要思考及學習的事，也會使用到過去不習慣使用的肌肉，從而使得大腦和身體都變得活躍，可以說開始新事物具有這些優點：思考會變得靈活，也能獲得新技能。

另一方面，壞處是開始新事物需要花費一定程度的精力與時間。

我相信各位之中一定有人曾經興致勃勃地加入健身房會員，但很快就不去了，或者開始學習英語對話後，不知不覺就厭倦了。

想要挑戰某事的心情很棒，但如果只是剛挑戰就結束了，或是因為自己沒有繼續下去而沮喪，那麼即便好不容易開始了新事物，也不會有太大的效果。

此外，也會有人不擅長開始新事物。他們更具有職人精神，比起多方嘗試，更喜歡不斷鑽研一樣事物並提升技能。

棒球選手鈴木一朗和將棋棋士藤井聰太可能就是屬於這類型的人。這些人更傾向於活用自己的這種特點，不斷發展自己擅長的事物，進而獲得滿足感。

如果你覺得持續做同一件事心情會比較穩定，特定的行為也已經成為生活例行公事的一環，或是覺得開始新事物很浪費時間，那也不需要勉強開始新事物，只要用現有的方法來轉換心情就好。

我屬於那種好奇心旺盛、想嘗試各種事物的類型，所以雖然能做的事情很多，但我有時反而會羨慕那些具有職人精神、能夠深入研究一件事物的人。

不論是擅長不斷開始新事物的人，或是只專心致志在一件事物上的人，都具有各自的魅力。

因此，不用特別意識到要開始新事物，而是應該優先考慮自己擅長的事物，而當你對某事有興趣時，如果有餘裕的話可以開始嘗試看看，抱持著這種心態會比較好。

正確的消除壓力方法

30

常見的壓力消除方法

喝咖啡靜下心

更好的壓力消除方法

注意飲用量與飲用時間

各位平時就有喝咖啡的習慣嗎？

許多人在日常生活中離不開咖啡，吃早餐時會搭配咖啡來提振精神，在午餐過後喝一杯咖啡以備午後時光，或是假日時會和朋友去咖啡廳喝咖啡聊是非。

正如各位所知，咖啡中含有的咖啡因具有提升注意力、減輕疲勞感和促進代謝等等效果。再者，咖啡因本身和咖啡的香氣都擁有讓人放鬆的效果，因此喝咖啡能獲得各種好處。

然而需要注意的是，像是咖啡這種含咖啡因飲料的攝取量及飲用時間。如果攝取過多咖啡因，可能會太過亢奮而難以入睡，或是交感神經變得處於優位，進而引起心悸。此外，如果極大量攝取則會導致咖啡因中毒，最糟的情況甚至可能危及生命。

實際上，在日本就曾經發生過一位二十多歲男性因連日飲用提神飲料而咖啡因中毒、最終死亡的案例。

雖然連續多日攝取大量咖啡因的人並不常見，但平常習慣喝咖啡的人仍需要注意「失眠」問題。

我已經在 YouTube 及其他書籍中，不斷重複說明過失眠的危險性和睡眠的重要性，失眠會造成白天注意力及專注力會下降，工作效率也會變得低落。生活規律紊亂容易導致罹患生活習慣病，且也有資料顯示，失眠的人更容易發胖。

如前述，失眠具有如此多的壞處，也很容易受咖啡因所引起。

因此，請多加注意避免攝取過量咖啡因，以及注意飲用時間。

咖啡因過量的標準為每日總共超過四百毫克以上，以咖啡來算的話，相當於一天喝三到五杯的程度，但以提神飲料來說，更少的量就會超標，所以要特別注意。

此外，咖啡因的半衰期（攝取的物質在體內代謝至濃度減少一半所需的時間，通常用於衡量藥物等物質的效果持續時間）約為五小時左右，所以**請避免在睡前五小時內攝取咖啡因**。

例如，如果平常習慣晚上十二點就寢，能夠安心攝取咖啡因的時間是到晚上七點為止。因此，如果晚上七點或八點在外吃飯時，飯後喝咖啡可能多少會影響到睡眠。

假如沒有特別感受到體質變化或失眠，那就沒有問題，但如果飯後較晚才喝咖啡，並感覺難以入睡的話，那就最好要控制咖啡因攝取量。

咖啡因和酒精一樣，效果會因為每個人的體質不同而有差異。如果咖啡因不太會對你產生效果，那就沒必要過度擔憂；但如果是攝取咖啡因後，會感覺到咖啡因給身體帶來影響的人，那就請重新審視自身生活，調整咖啡因的攝取量和飲用時間吧。

正確的消除壓力方法

31

常見的壓力消除方法

透過按摩排解壓力

更好的壓力消除方法

身體會自行休息

當壓力不斷積累時，我們會明顯地感到「疲勞」，感覺身體變重、肩膀痠痛，或是白天變得想睡覺等等常見徵兆。

當我們持續忙碌的生活後，稍做歇息時會發覺疲勞積累得比想像得還嚴重，這時才開始意識到壓力。

忙碌狀態持續時會給身心靈造成負擔，也就是說當壓力狀態持續，理所當然會導致疲倦。

於是，許多人會為了緩解疲勞而考慮去按摩，對吧？雖然我們都稱其為「疲勞」，但其實疲勞有許多種類，如果不能正確判別，便有可能得不到按摩帶來的效果。

舉例來說，請試想一下那些必須專注的會議，或是和晉級相關的重要考試等等，這些情況都不需要大量活動身體，但結束以後還是會感到筋疲力盡，對吧？

這種筋疲力盡的感受也算是疲勞的一種，但和使用身體過度而產生的肉體疲勞有所不同。

在經歷不安、緊張或壓力後會感覺到的疲勞屬於精神疲勞，其性質與肉體疲勞不同，因此解決方法也不一樣。

正如字面上的意思，肉體疲勞指的是與肌肉或關節等等肉體相關的疲勞，其會在運動過後或是過度使用身體後出現；精神疲勞則是會在過度使用腦袋或睡眠不足時出現。

因此，即便為了緩解疲勞而去按摩，如果疲勞源自於精神方面，那麼按摩可能也不會帶來什麼效果。

當然，壓力仍可能會造成血液滯留或肩頸痠痛，按摩有可能可以緩解這些症狀，但如果期望透過按摩減輕精神疲勞，那就需要注意我們的疲勞可能無法得到緩解，還會在疲勞的狀態下迎接下一週的情況。

在精神疲勞的狀態下，通常大腦會暫時處於興奮狀態，或是自律神經失調，因此比起去按摩，調整生活習慣或進行冥想等等，反而更有助於減輕疲勞。

另一方面，在肉體疲勞的狀態下，由於疲勞累積在肌肉和關節中，修復需要花上一定的時間，想要緩解疲勞時，可以多攝取一點蛋白質，冰敷疼痛處，熱敷僵硬的部位，如此便能縮短修復時間。

然而，我們往往難以區分疲勞的原因為何，因為通常兩種疲勞都會同時帶來影響，因此感到疲勞時，就做一些身體會感到愉悅的事情看看吧。雖然這些都是基本的事，但擁有營養均衡的飲食、高品質的睡眠、無壓力的消遣等等行為是減輕疲勞的最佳方法。

正確的消除壓力方法

32

常見的壓力消除方法

看影片或電影

更好的壓力消除方法

帶有目的性地看影片或電影

現今社會充斥著大量的資訊與內容，早期在家裡只能看電視或 DVD，而且為了打發時間，即便是沒有很想看的節目也照樣會看。

然而，現在有 Netflix 等各式各樣訂閱型影片服務，個人創作的 YouTube 影片的品質也越來越高，TikTok 上的短影片數量更是十分驚人。資訊豐富塞滿你的生活，多到連以往想消磨的那些「空閒時間」都沒有了。

接下來，我要來談談如何活用影片作為壓力排解方法。

我相信這本書的讀者都具有一定的判斷力，所以我不打算限制各位不要觀看哪種類型的影片，不過希望大家在觀看影片時，能夠意識到一件事：「觀看這部影片的目的為何？」

例如，欣賞影片時是為了提高興致而看動作片嗎？為了想跟上周圍的話題才看最新作品嗎？還是為了想沈浸在感傷氛圍裡而看感人片嗎？觀看符合目的的電影會對心理方面帶來正面的影響。

因為人類的大腦機制重視一致性，所以觀看符合目的的影片會放大效果。因此，當想著要靠哭泣來舒緩情緒時，觀看感人的作品是正確的選擇。

難過時為了掩飾情緒而勉強觀看快樂的作品，反而會導致負面情緒增強，娛樂作品還是要在心情好的時候享受比較好。

另一方面，YouTube 和 TikTok 都具有接著播放相關影片的功能，為了防止浪費時間，最好在影片播放前回答出來自己為什麼要看這部影片。如果答不出來，那就暫時按下停止播放的按鈕，這樣就能避免讓自己後悔浪費時間了。

順道一提，我也會不小心一直接著看影片，但我在這種時候會告訴自己，「我是為了研究現在正流行哪種類型的動畫」。如此一來就不會後悔自己看了影片，反而能夠正向思考，將這段時間看作是研究時間。為了避免壓力積累，成為會為自己找有利藉口的高手也是十分重要的一件事。

LINEUP

正確的消除壓力方法

33

常見的壓力消除方法

盡量外出

更好的壓力消除方法

把外出當成是生活習慣

對壓力排解而言，活動身體及調整生活習慣非常重要。因此，雖然外出是必要的，但並不是只要出了家門就好。外出時有需要注意的地方，而有些時機下待在家裡才是好的選擇。

首先，關於外出這件事有兩個重點：「盡量每天實行」，以及要在「早上起床後、光線充足的早上進行」。

外出和生活習慣有所關聯，外出後沐浴在陽光下能重置生理時鐘，以當下的時間作為起點，決定睡眠的時間，調整生活作息。因此，建議各位在起床後、天色明亮的時間外出。

當然，待在室內打開窗簾也能沐浴到陽光，但在室外能獲得的日照量絕對比較多，而且也提供了身體活動的機會，所以請盡量在早上起床後盡快到外頭沐浴陽光吧！

對平常搭電車通勤的人來說，從家裡到車站、車站到公司的路程是沐浴陽光及走路的機會；另一方面，對主要在居家辦公的人們來說，最好要有意識地養成在開始工作前稍微散散步等習慣。

如果難以每天堅持下去，我建議各位將外出與其他行動結合成一套行為，因為這樣外出的難度便會下降，比如趁著丟垃圾或是到信箱收信時順便外出。

另一方面，也許有些人原本就不喜歡外出，認為窩在家裡更快樂。

即便是不喜歡外出的人，我也希望他們能夠定期外出，這是我的真心話。因為比起短期的益處，長遠來看益處非常大，尤其等到年紀大了之後，是否擁有外出及運動的習慣對健康狀態有很大的影響。有研究資料指出，擁有外出及運動習慣的人罹患失智症的發病機率較低，也不容易罹患骨質疏鬆症或運動障害症候群。

為了將來著想，趁現在降低外出的難度非常重要。

不過，有些時候比起外出，留在家中度過反而比較好。這種時候和生活習慣或運動無關，而是因為在家中的工作效率較佳。

通常人們認為在家裡會受到周遭事物干擾，導致專注力容易下降，但仍有些人相較於待在外頭，留在家裡反而更能專注。

因為會受到外面的人聲或聲響打擾，所以這些人在家中反而比較能集中精神，工作更有效率，對他們來說，待在家中工作或作業可能更有利。

然而，生活習慣或運動又是另一回事，除了專注工作的時間之外，還是應該要創造外出的機會。

對於那些容易疲勞或累積壓力的人而言，只要製造出定期外出的機會，也許就能改善這些徵狀。

結語

謝謝各位閱讀本書到最後。

希望本書能以某種形式幫助到大家，如果和讀完這本書之前相比，各位更了解壓力，能發覺錯誤的壓力排解法，或是找到想嘗試的新方法等等，我會很開心。

不過，正如我在前言提到的，如果不實際實踐得到的知識，那真正意義上就等同於沒有效果。因此，請盡量避免閱讀完一遍後就結束，而是要回顧自己有興趣的項目，試著找尋看看適合運用在自己生活中的方法。就像再怎麼熟悉棒球的理論，如果不揮動球棒，就永遠不會擊出安打一樣，透過嘗試實踐，才會漸漸變得能夠應對壓力。

然而，即便科技日新月異，健康相關的資訊到處都是，但為什麼越來越多人感覺到壓力了呢？

實際上，到精神科就診的人數年年增加，過去十五年間精神科的病患數量大約成長了一倍（資料來自厚生勞動省的「患者調查」）。

現代人是否更容易感受到壓力了呢？不，倒不如說我認為正是因為資訊爆炸才導致人們容易感受到壓力。

這是因為儘管人類的生物學性狀和狩獵民族時期差別不大，然而社會發展過快，人們感覺追不上之間的鴻溝。

原本，人們最重視的是保護自身性命，為此我們進化了身體。如果從灌木叢中竄出危險的動物，此時會觸發交感神經的開關，讓我們能立刻判斷要逃跑還是戰鬥。因為一不留神就會危及自己的性命，所以人們只要察覺到危險就會迅速作出反應。

然而，現今社會中不太會遇到透過逃跑或戰鬥就能解決的情況。例如，即便我們在職場被嚴厲的上司責備，我們也難以逃跑，更不可能進行戰鬥（雖然如果戰鬥後能擊敗對方，倒是會覺得爽快……）

此外，在現代即便照常生活，還是會有讓人感到壓力的資訊透過電視或手機源源不絕地映入眼簾。如果每次交感神經都作出反應，身心靈當然會感覺疲憊，持續下去的話也會對身體產生不良影響。

話說回來，從生物學的角度來看，人體本來就不適合長時間處在壓力的情況下，因此本來用來對抗壓力的賀爾蒙「皮質醇」如果長期分泌，反而會引起負面作用。

再者，由於過去的群體範圍有限，所以人們可以在不受外界干擾的情況下生活。當以前的人們肚子餓了、想去廁所、感覺熱、冷或想睡時，只需像這樣坦然地傾聽自己身體的聲音就不會有問題。

然而，現代要花上很多時間考慮自身以外的事，像是工作、朋友、家人或社群網站的事。即便想獨處，手機的通知也永不停歇，時間一下子就被奪走了。即使一天不碰手機，但再次打開手機後通知堆積如山，你還是會被追著處理。在這種生活下，如果感覺不到壓力才叫做不可思議。

因此，現在人容易感覺到壓力也是理所當然的。不過相反地，大量資訊也帶來了益處。

那就是，比起過去，人們更容易吐露喪氣話。

如果社群狹小，我們可能會為了迎合周遭而說不出真心話，但現在存在著各種群體，自己的喪氣話被接受的可能性也變高了。說不定精神科患者的人數增加不只是單純因為精神狀況出問題的人變多了，實際上是因為痛苦時能及早尋求幫助的人增加了。

雖說如此，我想仍有許多人抗拒吐露喪氣話，希望今後的社會能變得更讓人容易吐露心聲，周圍的人也能擁有接受這些話語的寬容。

即便壓力無法避免，壓力累積時如果有人可以聊聊，對方能夠安慰自己，也有環境能讓你好好休息的話，應該就能讓自己幾乎感覺不到壓力。

雖然現代被稱為「壓力社會」，但我夢想未來能成為一個「放鬆的社會」，這是我為本書所畫下的句點。

高寶書版集團
gobooks.com.tw

NW 288
為什麼吃蛋糕、看電影、去了健身房，都還是好不起來
ケーキ食べてジム行って映画観れば元気になれるって思ってた
作　　者　精神科醫師 Sidow
繪　　者　SHIMA
譯　　者　朱韋芸
責任編輯　吳珮旻
封面設計　林政嘉
內頁排版　賴姵均
版　　權　劉昱昕

發 行 人　朱凱蕾
出　　版　英屬維京群島商高寶國際有限公司台灣分公司
　　　　　Global Group Holdings, Ltd.
地　　址　台北市內湖區洲子街 88 號 3 樓
網　　址　gobooks.com.tw
電　　話　（02）27992788
電　　郵　readers@gobooks.com.tw（讀者服務部）
傳　　真　出版部（02）27990909　行銷部（02）27993088
郵政劃撥　19394552
戶　　名　英屬維京群島商高寶國際有限公司台灣分公司
發　　行　英屬維京群島商高寶國際有限公司台灣分公司
法律顧問　永然聯合法律事務所
初版日期　2024 年 07 月

KĒKI TABETE JIMU ITTE EIGA MIREBA GENKI NI NARERUTTE OMOTTETA
by mental doctor Sidow

國家圖書館出版品預行編目（CIP）資料

為什麼吃蛋糕、看電影、去了健身房，都還是好不起來 / 精神科醫師 Sidow 著；朱韋芸譯. -- 初版. -- 臺北市：英屬維京群島商高寶國際有限公司臺灣分公司, 2024.07
　面；　公分.--

譯自：ケーキ食べてジム行って映画観れば元気になれるって思ってた

ISBN 978-626-402-022-0（平裝）

1.CST: 壓力　2.CST: 心理衛生　3.CST: 生活指導

176.54　　113009036

GOBOOKS
& SITAK
GROUP ©